小学语文“言语主题”系列图书

写出好作文

XIECHU HAO ZUOWEN

（第二辑）

主　编　黄艳梅

副主编　薛桂平　陈大权

编　者　黄　玲　杨清璇　徐明荣　许　彦　余　萍

　　　　孙　源　郑迎春　张益涛　孙步超　韩丽娟

苏州大学出版社

Soochow University Press

图书在版编目(CIP)数据

写出好作文. 第2辑 / 黄艳梅主编. —苏州：苏州大学出版社，2015.12
(小学语文“言语主题”系列图书)
ISBN 978-7-5672-1611-2

Ⅰ. ①写… Ⅱ. ①黄… Ⅲ. ①作文课—小学—教学参考资料 Ⅳ. ①G624.243

中国版本图书馆 CIP 数据核字(2015)第310292号

写出好作文
黄艳梅　主编
责任编辑　许周鹣

苏州大学出版社出版发行
(地址：苏州市十梓街1号　邮编：215006)
苏州工业园区美柯乐制版印务有限责任公司印装
(地址：苏州工业园区娄葑镇东兴路7-1号　邮编：215021)

开本 700 mm×1 000 mm　1/16　印张 12.75　字数 200 千
2015年12月第1版　2015年12月第1次印刷
ISBN 978-7-5672-1611-2　定价：22.00元

苏州大学版图书若有印装错误，本社负责调换
苏州大学出版社营销部　电话：0512-65225020
苏州大学出版社网址　http://www.sudapress.com

序 一

作文教学一直是个老大难问题。一茬一茬的学子都在嚷嚷:作文作文,作得头疼。语文教学效率低,最突出的例子就是学生写作能力的提高见效较慢。面对这种状况怎么办?似乎应当重温陶行知先生的名言:行动是思想的老祖宗。陶先生说:路走不通有了困难,“走不通而不觉得困难,这是庸人;连脚都没动而心里却虚造出万千困难,这是妄人;走不通而感觉有困难便要解决这困难,不到困难解决不止,这是科学家”。令人高兴的是,在语文教育界,我们经常会遇见一些想做“科学家”的同行,黄艳梅老师就是其中一位,她和同事们多年执着于此,以言语主题统领,教、读、写联动,力求创造作文教学的新天地。他们的行动在生成为思想的过程中,已经形成了富有启迪的特点。

第一是意义性。我曾经给一些优秀的老师讲过一则《圣经》故事:上帝给亚伯拉罕及其后代一块土地,这块土地好得不得了,到处流淌着奶和蜜。黄艳梅告诉我,她经常想起这则故事,她要和同事们共同努力,让学校哪怕有那么一点点“奶和蜜”的味道也好。从“言语主题”系列,可以看到黄艳梅正在做这样的努力。石中英先生说过:“任何教学改革的深化与教育知识的创新都可以从历史上或现实中所蕴涵的‘人的形象’的反思与重塑开始。”黄艳梅正是不满意传统语文课程教学,特别是作文教学的现状,正是努力遵循学生身心发展与母语学习的规律,正是着意培育学生语文素养,特别是作文能力,正是力求摆脱教作文和写作文的被动姿势,提出了一系列的构想,力求见文又见人,并在初步的实践中尝到了甜头。他们的努力,他们的思想,他们初步建立的体系,其背后,其前方,都是“人的形象”,都是学生学科素养的提高,都是孩子的精神发育与精神成长。他们是在为孩子们提供更多的更优品质的奶和蜜。这种立足学科课程而又超越学科课程的努力,这种致力于培养什么样的人、怎样培养人等教育本质的追求,是十分难能可贵的。这也是他们行动的最根本的意义所在!

第二是科学性。教育是一门科学,教育是“科学在内”(杜威语)的活动,需要我们尊重规律,还需要我们不断探索规律。黄艳梅老师提出“言语主题”,是在探索语文教育科学的道路上迈出的坚实的步伐。有很多老师都在困惑:语文是什么?根据一些学者的研究,可以简而言之:语文就是语言。语言有广狭之分,广义的语言包括狭义的语言加上言语,包括书面的语言(文字)加上口头的语言,包括语言的内容加上语言的形式。索绪尔是以狭义的语言,即那些普遍的稳固的词汇系统、语法系统为基石,创建现代语言学的。相对应的言语则是指怎么说(写)和说(写)什么,是属于个性的。索绪尔说要有两门语言学,一门是“言语的语言学”,一门是“语言的语言学”,“两条路不能同时走,我们必须选择;它们应该分开走”。索绪尔的学生说老师曾向听众许愿:关于言语的语言学的研究将在以后的讲坛上“占有一个光荣的地位”。但索绪尔未能如愿,关于“言语的语言学”留待后人们努力。我国语文教育界经过多年的探索,逐步认识到言语教育的重要性,认识到如果没有主体的言语实践活动,如果没有典范的言语成品做示例,如果没有言语经验指导言语行为,学生对语文课程知识的建构就是一句空话。言语教育是语文课程的根本属性。在我看来,黄艳梅和她的团队对于这些问题有了科学的认识,于是有了自觉的行动,才提出了“言语主题”的构想。这在当今的语文教育界,无疑是领风气之先的。

第三是体系性。黄艳梅“言语主题”系列是一个比较庞大的体系,《教出好作文》《读出好作文》《写出好作文》,是互为依托和促进的;阅读和表达是相互对应、互动生成的;低、中、高三个年级,拾级而上,是有序可循的;主题链接、单元联动与主体激活、走向生活又是相互策应的。学界关于儿童教育有关键期之说,所谓关键期,是指儿童发育有一个对某种类型的环境影响特别敏感,而这种类型的环境影响会对这一时期发展的方向及进程发挥重大的作用,“过之”与“不及”都会给儿童发展带来消极影响。我以为,“言语主题”系列是照应到儿童作文能力形成关键期的。这其实也说明,言语主题系列是以科学性为根基,以

"人的形象"的更好塑造为价值追求的。

美国诗人艾米莉·狄金森的许多诗，据说要用童心去理解，才能品出滋味。我在这里抄录一首《我的河在向你奔来》送给黄艳梅老师：我的河在向你奔来/欢迎么？蓝色的海/哦，慈祥的海啊/我的河在等候回答/我将从偏陋的源头/带给你一条条溪流/说啊，接住我，海！黄艳梅们的行动是奔腾的一条河，他们会激起教海的波澜；黄艳梅们的思想是涓涓流淌的一条河，他们会融进语文课程的理论之库；黄艳梅们的学子们也是一条河，他们将因言语主题更加欢快，他们走向成人、走向社会，会汇进海的大合唱。"海"，不就是我们的理想么？"奔来"的"河"，不就是我们对理想的追求么？让我们共同努力，让我们的河奔得更欢吧！教作文、写作文都会因此成为成功的体验、幸福的享受。语文课程教学改革，儿童生长和发展的明天，都会因此而更加辉煌！

杨九俊

（作者系江苏省教育科学研究院副院长、研究员）

2011年11月2日

序 二

为言语人生、诗意人生奠基

如果问小学《语文》教什么？也许我们会说自然是教一篇篇课文，教材不就是这么编的吗？要是接着再问：为什么要教一篇篇课文呢？那答案就比较复杂、混乱、不得要领：学会认字、写字，积累词语，理解课文，审美熏陶……全日制义务教育《语文课程标准》在"课程目标"中的"总目标"部分洋洋洒洒列了十条，似乎什么都回答了，又似乎什么也没说。在"阶段目标"中，小学"三个学段"的"阅读""写作"部分，说的也不得要领。

——为言语表现（说、写）而教《语文》；为激发学生言说欲、言语表现欲、自我实现欲而教语文；为言语人生、诗意人生奠基而教《语文》。我以为这是"言语主题"教学研究者们试图交出的一份可贵的答卷，也是他们将为之不懈奋斗的方向。

去年五月，《江苏教育》编辑部召开"小学作文教学难题求解"研讨会，我应邀作一讲座，承办会议的就是淮安市人民小学。记得会议期间黄艳梅校长跟我谈起他们探索多年的语文课改，给我看了他们策划并实践的各年级写作教学内容。我针对他们的课改实验谈了一些想法。在与老师们的交流、切磋中，黄校长的不少见解，深刻而独到，与我不谋而合。她对语文课改的热情与执着给我留下了良好印象。从淮安回来后，她给我发来了他们的学生作文，让我提意见，告诉我老师们正在读我的《语文：表现与存在》。我被他们的学习热情与钻研精神深深地打动，针对他们的课改现状，从我的语文教育本体论的立场，直言不讳地提了不少意见与建议，并对他们寄予厚望，相信他们一定会有所作为。她回信谈了一些想法，对"言语表现"的重要性已然有了深切的认识，对编写培养写作能力的教材也有了初步构想：

我们想利用暑假整理阶段性成果，编成类似于教程或读本之类的教材，供师生使用和提升。阅读教学是语文教学的主战场，我们还想从写的角度研究怎么教，而不满足于只是理解、体悟等，如果能从每篇课文里多少悟出一些写法，是不是更有助于提升表达能力？表达能力对于孩子们的成长太重要了，教学的目的不是为了促进人的成长吗？适当时候希望得到您的指教。

没想到这么快，经过一年多的艰辛努力，他们的教改实践与教育愿景已结出了累累硕果："言语主题"系列图书《教出好作文——"言语主题"习作教程》《读出好作文——"言语主题"学生读本》《写出好作文——"言语主题"习作实践》。这让我惊讶、兴奋，也令我敬佩：这套图书确是独树一帜，令人耳目一新。

"言语主题"是它的指导思想。我的理解就是以言语表现（写作）为本位、以分解式写作能力培养为教学目标（主题）的教学形态。——指向言语表现与存在，正是我理想中的教材旨趣。

追求"言语"表现，即注重"说""写"教育，以写作为本，意味着对"语言"本位教育的反拨。小学语文教学的主流观念，历来是以"语言"学习为主的，倾向于"工具性"认知，就是通过阅读，学习、掌握、积累字、词、句，认字、识字，培养基础的书面语语感。"言语"教育——说、写教育，一般不作为主要的教学目标与内容，只是作为阅读的附庸。顶多也就是表面上提倡听、说、读、写并重，实质上仍是阅读本位思维。这致使语文教育长期萎靡不振。而"言语主题"这套系列图书是凸显"言语"表现教育功能的，将"言语"教育作为终极教学目标，将说、写能力，尤其是写作能力的培养，放在最重要的位置上加以倡导与落实，将写作素养视为语文素养的最高呈现，将阅读（含听、说）教学纳入写作教学序列，较好地体现了语文智能教育各要素间的内在关系，抓住了其要害与根本。这一从观念到实践的更新，必将改变语文教学成效不彰的现状，使其面貌焕然一新。

"主题"，这里就是指培养写作能力的具体目标。"主题"教学，就是目标明确的教学，追求科学性、序列性、高效性的教学。在"阅读本位"思维下，由于阅读与写作规律的不同，所谓的读写结合，是以写作教学迁就阅读教学序列为代价的，势必造成写作教学混乱无序、阅读与写作的两败俱伤，其教育效率低下，给师生带来了极大的困扰。写作教育既然作为语文智能教育的终极目的，就要以写作为龙头，使阅读（含听、说）为之服务。基于此，编者将写作教育目标分解为若干个“主题”，建构一至六年级作文能力与内容序列，组成一个阶梯状、螺旋式上升的较为科学合理的教学体系，使师生清楚地知道每一个“主题”是培养哪一方面的言语能力，每一次课要达成怎样的教学目标。诚如黄校长所说，就像种树一样，期盼学生的言语素养每年都能长高一截。这是一个大面积提高学生言语素养的值得尝试的探索，令人振奋。

这套系列图书有不少亮点，有些亮点恰是当今课标、教材、教学中所忽略的，但对于言语生命的成长来说又是极为重要的。这构成了该套图书的鲜明特色。

让孩子们读、写“童诗”是一道靓丽的风景。小学生写作属于儿童写作，儿童的世界是充满诗意的，诗歌的意象性、想象性、幻想性是符合儿童思维特点的。《诗》教，在我国先秦时期曾为“六经”教育之首。孔子曰：“入其国，其教可知也。其为人也：温柔敦厚，《诗》教也……其为人也：温柔敦厚而不愚，则深于《诗》者也……”（《礼记·经解》）“小子，何莫学乎《诗》？《诗》，可以兴，可以观，可以群，可以怨。迩之事父，远之事君；多识于鸟兽草木之名。”（《论语·阳货》）《诗》教，有着重要的人文教化之功。在传统语文教育中，“诗教”（诗歌教育、言语审美教育、韵文教育）也居于极为重要的地位。千百年来，儿童启蒙教育的教材《三字经》《百家姓》《千家诗》《千字文》等，都是以“诗体”呈现的，合辙押韵，朗朗上口，对儿童了解我国文化、文明、历史、风俗等与形成书面语语感极有助益，这表明“诗”对儿童教育是有其天然的亲和力的。——“童诗”的读、写，既是对《诗》教、诗教文传统的接续，也是对儿童言语智能的开发，对童心中“诗意”的顺应与呵护。“儿童本质上都是诗人”，从小培养他们对诗歌的热爱，维护并养成对诗美的感受力、鉴赏力、创造力，将使他们未来的言语人生多一份灵性、优雅与美丽，这也体现了内化于言语深层的存在意识。

想象类写作在该系列图书中也别有一番天地。想象，是儿童的天性；儿童期，是想象力的最佳发展期。想象，是创造的基础。在儿童期没有想象、幻想与梦想，就没有日后的物质与精神创造。儿童文学作家“童话大王”郑渊洁曾感叹说：“一个孩子要是没有想象力那有多可怕啊！”哲人周国平也说："……哎，有时我不免想，与只知做梦的人比，不做梦的人更像白痴。"——我以为，学校教育的一个基本任务就是想象力的教育。想象力教育是学校存在的理由之一。想象力教育是一种才能与智慧教育。培养想象力甚至比学习知识更重要。小学语文教育是给诗意人生奠基的时期，然而遗憾的是，我们不但从来没有对此给予足够的重视，相反，往往不经意地像捻死一只蚂蚁似的扼杀了孩子的想象力。值得庆幸的是，我们在这套图书中看到了编者为了开发、培养孩子们的想象力所付出的努力。想象，它使实用的现实的写作，充盈着灵动的诗意的梦幻般的光辉：今后，我们可以不再错过儿童想象力的最佳发展期，不再为致使其精神生命的夭折而悔恨不已。

在这套图书中，我还看到了孩子们思维生长的轨迹。我们历来将叙事性写作作为小学写作教学的主要目标，以为这是顺应了孩子们感性思维发展的特点，殊不知，到了中、高年级，他们的理性思维的能力也已开始萌芽、生长。他们渴望了解现象背后的奥秘，面对大千世界，他们睁大好奇的双眸，不断地发出叩问与猜想，作出推理与判断。——理性思维，是人的言语生命成长的必然与归宿。对于大部分人来说，理性思维、议论写作终将超越感性思维、叙事写作。基本的叙事、抒情能力自然是不可或缺的，而议论、说明能力则尤其重要。贯穿人的终生的不是叙事、抒情写作，而是议论、说明写作。在"言语主题"高年级段不少单元对这些内容都有所渗透和涉及。如应用文单元中的课题小报告的写作，当我读到《小学生早餐调查报告》《"京剧在淮安"小课题报告》这些出自小学生之手的"课题小报告"时，感到异常欣喜。这些"课题小报告"，是论文写作的发端，是由感性认知为主过渡到理性认知为主的标志，是言语人生的开卷之作。老师们需要做的，就是趁这个恰当的时机为学生创造恰当的"研究"机会。要让孩子们懂得，他们成长了：发现不明白之处，已经不必向大人询问"为什么"，而是靠自己去释疑解惑。要学会寻找自己的"课题"，谋求获得自己的答案，向周遭发出自己的声音。课题小报告写作适切了综合实践活动课程的需要，是一个具有前瞻性、发展性的语文课改的重要内容，也是一种深切的人性、人生关怀。

最值得称道的是，在这些无法一一论列的亮点背后，是言语生命动力的培育。潜伏贯穿其间的是言语兴趣的激发、言语信念的种植与言语生命意识的孕育。说到底，语文教育难道不就是要让学生明白“写作”对于语文学习、对于美丽人生、对于“人之为人”是多么重要吗？语文教育难道不就是为日后的言语人生、诗意人生奠基吗？

最后我想以此作结：

这是可读性、可操作性很强的教材。孩子们读它一定不会感到枯燥乏味，老师们用它一定不会感到茫然无措。说不定哪天它将“喧宾夺主”呢！

潘新和

写于闽江之滨寓所

（作者系福建师范大学教授、博士生导师）

2011年11月5日

目 录

陈汝馨

毕 彤

胡岩岩

邓嘉晟

田尚清

周　鹏

陈天艺

张 行

黄雨欣

胡馨文

陈汝馨

江苏省淮安市人民小学

作者名片

自信、阳光，文静不失率真，随和不失独立，这就是我——陈汝馨，一个12岁女孩。

我兴趣广泛，学过主持，练过绘画，在乒乓球馆里挥洒过汗水，在舞蹈房中滴落过眼泪……我积极培养多方面的兴趣，努力挖掘自身的各种潜能。只要喜欢的事，我都愿意付出，我相信走过、做过、用心体验过，就是成长，就能进步。

当然，我最大的兴趣是好读书，最大的体会是读书好，最大的享受是读好书。每天晚上，捧着一本书静静地读上半个多小时，是我的必修功课，也是一天中最惬意的时光。我为书狂，虽然没有发生前人“用面包蘸墨水吃”的佳话，却也闹出过“饭桌上蘸辣酱吃汤圆”的笑话……

醉心于一位位作家的作品世界的同时，我的写作欲望、写作能力得到了极大的强化。杨红樱使我懂得多彩生活就是写作的源泉；郑渊洁让我感受到丰富想象是写作的翅膀；从福楼拜的身上我知道了细心观察、勤于动笔的写作之道；从巴金的作品中我领悟到带着感情去体会、去叙述的创作精要……我不时通过文字来讲我身边的人和事、周遭的景和物，与他人交流、分享我的观察与思考，我的体验与认识，其乐无穷。

通过读书，我了解历史，接触社会，认识世界；透过写作，我结交朋友，体验生活，让世界了解我。一书一世界，一文一生活，透过我的文章，您可以感受一个普普通通的爱读书、爱写作的女孩眼中的多姿多彩的世界。

老师荐读

1. 这些年，教过我的那些老师们

伴着九月清凉的风，和着九月欢快的歌，一年一度的教师节悄然而至。哦，在这个特殊的日子，我不禁想起——这些年，教过我的那些老师们……

老师点拨

开篇文笔简洁而不乏诗意。读来让人唇齿留香。文题点得自然。

"妈妈"老师

4岁那年，懵懂年幼的我牵着妈妈的手来到幼儿园。不知何时，妈妈悄悄地"溜"走了。面对一张张陌生的脸，我不禁号啕大哭。"小馨馨，别哭了，到老师这儿来。"谁在喊我的小名？只有妈妈才会这样喊我。透过朦胧的泪眼，我看见了一位年轻的女老师。她真美啊！皮肤像妈妈一样白白的，眉毛像妈妈一样弯弯的，眼睛像妈妈一样大大的。"小馨馨，不哭，和杨老师一起玩吧！"哦，她的声音竟也像妈妈一样甜甜的。我依偎在她的怀里。呀！杨老师的怀抱像妈妈一样暖暖的，身

上像妈妈一样香香的。渐渐地，我刚入幼儿园的恐惧与不安消失了……

犹如妈妈的杨老师陪伴我度过了小班生活，每每忆起她那甜美的笑容和声音，我仍觉得心里甜滋滋的。

“大朋友”老师

快乐的幼儿园生活转瞬即逝，我背着小书包、怀着忐忑不安的心情来到了新的教室：啊！这里不再有高低错落的小床，墙壁上不再有色彩斑斓的有趣的画儿，不再有形态各异的玩具……我的第一位小学老师是什么样的呢？来了！又是一位年轻的女老师。“小朋友们，我是你们的大朋友许老师，让我们认识一下吧。”老师竟然说是我们的大朋友？见我们面面相觑，许老师又开了口：“你们喜欢做游戏吗？咱们一起去操场上玩老鹰捉小鸡的游戏吧！谁来做老鹰、母鸡和小鸡？报上名来！”“噢耶！”我们欢呼雀跃地报上名字和要扮的角色。许老师给我们分了组，带着我们到操场上做游戏。她像个大孩子一样和我们追逐玩耍起来，串串欢笑声回荡在校园中，也回响在我童年的记忆里。

从那天起，我们的大朋友——许老师一直陪伴我们度过了三年的快乐时光。课堂上，她和我们一起写字、读书，手把手教我们描红；课间，她和我们一起跳皮筋儿、谈笑、画画、做手工……有了这位大朋友，我的校园生活变得多姿多彩。

“心灵”导师

四年级，教我语文的是充满活力的黄老师。她，年轻美丽，活力四射，走起路来“哒、哒、哒”，脚下生风。黄老师用智慧引领我们步入写作的殿堂。她别出心裁地组织我们和无锡市雪浪中心小学的同学做笔友，我

老师点拨

小作者抓住了老师的语言、动作、神态等细节描写，将不同老师的形象表现得淋漓尽致。

们和异地的小伙伴们用书信你来我往，谈得不亦乐乎：谈学校，谈同学，谈家乡，谈美食，谈成长中的烦恼或趣事……她把我们的一篇篇文字精心编成了《书香庭院》印发出来，我们心里漾满了自豪与喜悦。大家对作文不再望而生畏，每星期作文课成了我们的一大乐事。我们爱上她教的语文课，爱看她表情丰富的脸，爱听她娓娓动听的讲述，总是迫不及待地读她推荐的一本又一本"精神食粮"。黄老师鼓励我们和书交朋友，读名著，写日记，告诉我们怎样做人，怎样成长，怎样进步。她的话语充溢着诗意，蕴含着哲理，深深地印在我的脑海里……

老师点拨

寥寥几笔便勾勒出了黄老师的特点。小作者把笔墨着重落在黄老师身上，选取的典型事例，使黄老师"心灵"导师的形象深入人心。

在童年的路上，我和我的小伙伴们揣着一颗颗稚嫩而敏感的心，张着一双双充满好奇也带着胆怯的眼睛去探索陌生的世界。是杨老师、许老师、黄老师她们甜美的笑容、温润的话语、睿智的思想为我们勾勒世界的模样，引领我们一天天成长为今天这般可爱的模样。

谢谢您们，这些年教过我的那些老师们！

作品简评

本文是一篇文质兼美、情真意切的佳作。亮点一：选材以点带面，选取了不同年龄段具有代表性的老师形象；亮点二：谋篇布局以小标题的形式提纲挈领，使文章结构清晰、一目了然；亮点三：笔法细腻、充满真情，细节描写生动，尤其是议论和抒情，表达了对老师的怀念和感激之情。

指导老师　徐明荣

老师点拨

2. 惜时广场小记

一方小池塘，一座小假山，一株柔柳，一架紫藤，构成了人民小学校园里最美的景，是我和小伙伴钟爱的一方天地。

——题记

清新的文字，深深的情感。题记的恰当运用为文章锦上添花。

我们学校的西北角有一个后花园。那里绿树成荫，有冬青、金桂、银杏、紫槐；那里鲜花遍地，春有迎春、桃花，夏有凤仙、鸡冠花，秋有菊花、桂花……常常蜂飞蝶舞，煞是美丽，而惜时广场便坐落其中。

惜时广场呈椭圆形，约有二百平方米。广场四周用黑色的条形石块围边，中间地面大多由一块块豆腐大小的白色方形石块铺成。如果是细心的人，就会发现广场南面的地面有“玄机”——建造者别出心裁地在12时、3时、6时、9时的方位上各嵌入了一块粉色石块，这样便勾勒出一个钟面。我想这就是“惜时广场”名字的由来吧，意在提醒我们这些孩子要时时早、事事早，珍惜每分每秒。

惜时广场北面有一处苏州园林式的景致，可以用“小”来形容。一方小池塘，一座小假山端立其中，假山上有一股小小的喷泉，细细的水流叮咚作响。池中漂浮着大如盘、小如酒盅的睡莲叶片。当下正值初夏，已有五六朵莲花开放，个个洁白高雅。透过那莲叶间的水面，可以看到顽皮的金色鲤鱼在水中嬉戏。紧挨着塘北岸有一株垂柳，虽算不上高大，但很是繁茂。一根根缀满绿叶的细长的柳条直垂到水面上，宛如一道绿色的瀑布泻入池塘。也许正是因为这个，才会有这满池满塘的绿吧。

四字词语，准确凝练，概括出景物的特点，读来如闻其声，如见其形。

惜时广场东面有一条圆弧形的白色长廊，长廊边种着紫藤。紫藤是最按捺不住性子的，每年一到春天就开始长呀长，绕呀绕，入夏时长廊上已是绿莹莹的一片，宛如给长廊戴上了绿色的草帽。风儿吹来，树叶摇曳着发出沙沙的声响，恰似在奏响一支小夜曲。紫藤围成的长廊挡住了炎炎烈日，滤掉了股股暑气，营造出一处清凉天地。我和小伙伴们常坐在长廊下的大理石长凳上读书聊天，看花开花落、斜阳西沉。

小小的惜时广场坐落在后花园中，静静地陪伴着我和小伙伴们成长。一二年级时，我们喜欢在广场的池塘边看鱼戏虾游，边诵读着“鱼戏莲叶间，鱼戏莲叶东……”，“碧玉妆成一树高，万条垂下绿丝绦”的佳句；三四年级时最喜欢在广场的空地上跳房子、踢毽子，嬉笑着卖弄我们浑身使不完的劲儿；五年级了则是常常在广场边的致远长廊下伴着鸟鸣和风，或是静静读书，或是叽叽喳喳地谈天说地……

惜时广场，校园中的一道景，我们孩子成长的一片天。

老师点拨

小伙伴们在广场的嬉戏、活动的描述，使景与人关系密切起来，文字多了一分活泼，景物增添了一分情感，情景交融，读来显得鲜活。诗句的恰当引用，为文笔增色不少。

作品简评

小作者用优美生动的笔触描写了惜时广场北面园林的景致和东面最富诗意的紫藤。在描写时，小作者能抓住景物的特点，紧扣“小”字和“绿”字，“小”中见精致，“绿”中显活力。小作者为了表现景物的特点，准确生动地运用了贴切的修辞手法，细腻的笔触传达出小作者独特的感受，让人读来如身临其境，不时激起共鸣，显示出小作者敏锐的观察能力与比较扎实的文字功底。

指导老师　徐明荣

作者引读

作者自悟

3.“乐”新春

“爆竹声中一岁除，春风送暖入屠苏。”羊年新春，在暖洋洋的家里吃年夜饭，在闹嚷嚷的夜里放鞭炮，在敞亮亮的超市前看花船……我的羊年春节每一个时刻都洋溢着喜气，每一段经历都充满着快乐。

欢享年夜饭

大年三十的晚上6点半，厨房里传来了我盼望已久的声音：“饭好喽！”听到二姑的这声招呼，我如闻天音，连忙帮着放碟子、摆筷子，叫妈妈、喊爸爸、邀姐姐、请奶奶。二姑则脚不沾地，旋风般地上着菜。

菜可真丰盛：晶莹剔透的松花蛋、厚薄适中的切片卤牛肉、香味四溢的雪菜扣肉、色泽金黄的红烧鲫鱼……每上一道菜，我就啧啧赞叹几声：“平桥豆腐汤白如玉，好！”“青菜肉圆，形色俱佳，妙！”“鸡汁配荠菜饺，营养均衡，绝！”二姑的脸笑成了一朵花，说道：“汝馨到底是高年级的学生了，文词儿一套一套的，水平高啊！”“惭愧，惭愧，和二姑的厨艺比起来差远了！”听了我的话，一桌人都笑了。爸爸对大伙儿说：“她呀，是吃精，她二姑菜烧得好，她自然嘴巴甜了！”我听了，吐了吐舌头，做了个鬼脸，嘿嘿直笑。

“欢享年夜饭”这一部分第一段文字三字词语的连续使用，及第二段文字中我的部分话语省略了提示语，意在让文字变得简洁、明快些，渲染出春节欢快热烈的气氛。

菜上齐了，我抢先给在座的长辈“敬”了两个鸡汁饺子。没等他们夸我孝顺懂事，我已经以迅雷不及掩耳之势把一个饺子塞进嘴里。“哇，好烫！”滚烫的饺子烫得我直嚷嚷。姐姐刮着鼻子羞我，我不好意思地咧咧嘴，稍作休整，就又投入“战斗”，青椒肚丝、糖醋排

这里将原本的“送”改为现在的“塞”，我觉得自己的馋猫形象一定会给人的印象更深刻。“休整”、“战斗”则是想显示我文字幽默的一面。

骨……口福无边。

作者自悟

乐放“冲天炮”

“五、四、三、二、一”，央视春晚的倒计时声刚停，门外就传来了噼里啪啦的鞭炮声。赖着守岁的我立刻拉着二姑去户外放贺岁鞭。一条街上几乎家家户户都出来放鞭了，只见夜空中这一块绿，那一片红，上一段紫，下一截黄，五颜六色，绚烂无比。

我心痒难熬：“二姑，今年我要放冲天炮。”“好好好，准你。”我把冲天炮插在地上的小孔中，用长长的点火棒把引信点燃，然后躲在一边。“砰”的一声，冲天炮飞上了半空中，接着“啪”的一声，在半空中炸开，拖曳着红红的光束向更高处飞去。“祝二姑生意兴隆，红红火火。”我雀跃着冲二姑大声祝贺。“祝汝馨学习如芝麻开花，节节高！”二姑乐呵呵地回应。我们每放一个冲天炮就献一个美好的祝福，一连放了20多个，祝福无数，快乐无边。

当时怎么说，这里就怎么写，主要想展现真实的生活。当然提示语的后缀也是想让文章有变化。

喜看“摇花船”

“咚咚锵，咚咚锵……”一阵激越的鼓点由远而近，我知道，大年初一的开门喜——“摇花船”就要开始了。我放下筷子，顾不得抹嘴巴就来到隔壁的超市旁，这里是每年“摇花船”的固定舞台。果不其然，“摇花船”的队伍在超市门前的空地上驻扎下来。超市里的员工端来一摞摞塑料长凳放在场地四周，看热闹的人们蜂拥而至，有坐有站，围成一个正方形的舞台。

细看那花船，好不精致，好不喜气！绿色的船身上装点着各色彩带，船身上面是紫色亭形的棚子，棚子外贴着一副对联，“欢天喜地拜大年，手舞足蹈贺新春”，棚子里站着一位花枝招展的阿姨。

这段话对花船外观的描写很细腻，也是我的得意之笔哦！

表演开始了。一位身着红色戏衫、头戴黑色礼帽、手摇彩扇的叔叔倒退入场，紧跟着是穿黑衫、手持细长竹竿、一身船工打扮的人，他的旁边是耍动花船的阿姨，后面跟着的"绯色衣衫"似乎是掌舵的。四人伴着《拔根芦柴花》音乐，踩着欢快的鼓点，踏着秧歌步，忽前忽后、忽左忽右。那花船随着阿姨的脚步，有节奏地在前后穿梭，左摇右晃，轻盈无比。每当锣鼓声稍停，领头的叔叔就和其他三人一唱一和，说起喜话来。"锣鼓声声贺新春，我们给大家来拜年，一祝大家新年好，二祝大家发大财，三祝老人福寿长，四祝小孩学习好……"他们的祝福引得满堂喝彩。围观的人们都情不自禁地鼓起掌来，我们这些孩子忍不住模仿他们的动作扭动起来……

新春乐，乐新春！我的羊年新春，每时每刻都是"美羊羊"、"喜羊羊"……

作者自悟

描写玩花船的场面时，我逐个抓住人物的动作进行叙述，注意用"紧跟着"、"旁边"、"后面跟着"等词语衔接，这样场面就不显得乱了。

"喜话"一直在我耳畔萦绕，写下来更加热闹喜庆。

作品简评

年年新春今又新春，每年过春节都让我欢乐不已。我决定写下今年的春节与大家分享。我从吃年夜饭、放鞭炮、看花船三个方面准备了这篇文章的素材，并以三个对仗工整的小标题来归纳我文章的三个主要内容，这样显得层次分明。小标题中的"欢"、"乐"、"喜"三个字是我精心思考的，想以喜庆欢乐的感情基调串联文章，使文章有整体感，表达上也有所变化。结尾的"新春乐，乐新春"照应了开头，并点了题。

文中，我在不少地方运用了简洁的词语和短句，想用紧凑、明快的语言来表达春节场面的欢快与热烈。老师说我的这篇文章既洋溢着新春乐、幸福情，又不失童真童趣，希望你们也能有同感。

4. 最是书香能致远

——淮阴师范学院图书馆参观记

那里的绿树红花，成片成丛；那里的楼宇馆舍，错落有致；那里的哥哥姐姐，青春阳光……那里就是爸爸的母校——淮阴师范学院，一个漂亮、大气、充满活力而让人向往的象牙塔。

一个星期六的下午，我、爸爸和一群小伙伴去淮阴师范学院实地参观。整个下午我们观看了生命科学院里形形色色的标本，浏览了图书馆里琳琅满目的图书，品味了教育学院里多姿多彩的书画作品，还到儿童剧场欣赏了风格各异的儿童剧表演。而最魅惑我这个“小书虫”的当然是那里的图书馆了。

从校园正北面的生命科学院出来，顺着一条林荫大道向南走不远，我们就到了图书馆南门前。我抬头一看，哇，九层，有近40米高！整个图书馆的造型好似一个王座，寓意读书可以使人登上知识的“王座”。顺着一层层石阶向二楼阅览室走时，我心想，这台阶是不是告诉我们，在书山中只有一级级坚实前行，才能真正到达知识之巅呢？

进了二楼大门，迎面是一尊周恩来爷爷的铜像。他双手抱胸，额头微微上扬，面带微笑望着前方，似乎赞赏每一个前来读书采蜜的青少年。绕过铜像继续向后走，左边的墙壁上绘的是周恩来爷爷的坐像，右边的墙上写的是他的《大江歌罢掉头东》诗篇，对面墙壁上则镶嵌着一幅巨型箔金画卷。画卷长20米，高3.5米，上题“悠悠长淮”四个大字，画卷中多雕刻着淮安的名人雅士、风景名胜。

画卷左边有一对开的门，右边墙壁上的标牌写着

作者自悟

淮师之旅留给我的印象太多太美好，怎么写开头呢？我决定用排比的方式，先概括写感受，再转入对参观之行的叙述，以调动大家的阅读兴趣。

按照方位顺序叙述是写参观、游览类文章的一般顺序，这里我把方位交代清楚，参观过程就显得有条不紊了。

"社科图书借阅一室"。走进去,我立刻被眼前的情景所震撼:好多的书,三十几个书架上满满的都是书;好多的人,二十几张长条桌前满满坐的都是人。人人面前一本书,或看或记,静得只能听见书页的翻动声,一切都是那么静谧美好。我们一行人受着这情景感染,一个个轻手轻脚地钻进书架中,翻看起书来。这一排是文学书,那一排是教育学书。哦,那里竟然还有儿童杂志,我挑了一本似乎还散发着油墨香味的《百花园》,津津有味地读了起来。看到一段优美的文字,我默念了好几遍,真想把它记下来,难怪来这里读书的人几乎个个手里一支笔。

接下来我们到三楼参观了社科图书借阅二室。这里的房间比楼下的大,图书更多,油墨香也更浓些。足有40多架图书吧:童话、寓言、小说、诗歌、中外名著,应有尽有。听图书馆馆长说,这里可以远程预约借书,其他校区的哥哥姐姐可以通过电脑预订,最迟第二天就可以收到送上门的图书了,我想这可真方便啊。置身这书的海洋中,我犹如闻到花香的小蜜蜂,尽情徜徉。我取下《黄白相间的银桦树》,如饥似渴地读了起来,书中的文字虽然略显深奥,但耐人寻味……正在我看得入神时,爸爸找来了。他给我看了一下手机里的照片,一个小女孩依着书架正读着书,阳光透过窗子洒在她身上。咦,这不是我吗?爸爸笑眯眯地说:"爱读书的女孩最美丽!"听得我心花怒放。

出了社科图书借阅二室,我们还参观了同一楼层的电子阅览室。里面是一台台电脑,据说这里的电脑与主服务器相连,里面存着几十万本电子书籍,而且还可以通过网络与国内乃至世界著名大学的网上图书馆相连,你想看的书几乎都可以从中找到。我们听了都赞叹不已。我好想早点长大,考进大学,泡在这样

作者自悟

参观三楼的阅览室时,我注意把观察到的与想到及听到的结合起来,这样参观的内容就不会显得单薄了。

的图书馆里一偿读书之愿。

参观完图书馆，已是黄昏。我和小伙伴们该去剧场看儿童剧表演了。走出图书馆大门好远，我还频频回头，鼻翼间似乎飘荡着图书馆里那淡淡的油墨香味。嗯，最是书香能致远，就让我漫步夕阳下，尽享这一份书香带来的惬意吧……

作者自悟

鼻尖淡淡的油墨香，天边缕缕的夕阳红，让我陶醉，以这样带点诗意的画面做结尾，点题不着痕迹，我比较得意。

作品简评

我非常爱看书，因此半天的淮阴师院之行，给我印象最深的就是在图书馆里的所见所闻和所感了。有了当时的留心观察和真切体会，我在写文章时就能文思如泉涌。按方位顺序组织材料，写的时候把看到的、想到的与听到的结合在一起，有详有略。参观类的文章同样可以做到有血有肉、有情有意。

5. 巧克力“DIY”乐

春天的阳光像一条软软的薄毯子，轻柔而温暖地盖在人们身上。人们的欢乐声像一层又甜又香的糖汁，把“绿地新城梧桐公馆”包裹成散发着欢乐滋味的太妃巧克力糖。我的心里也“装”满糖汁，快乐而甜蜜，因为，我和表妹刘依然去参加了在梧桐公馆举办的“巧克力快乐 DIY”活动！

作者自悟

因为要参加“巧克力快乐DIY”活动，我眼中的景也似乎成了巧克力的糖汁，这样写开头，点出了我快乐的心情。

星期日的早晨 10 点多钟，阳光明媚，云淡风轻。我和刘依然随着一群小伙伴去绿地梧桐公馆参加“巧克力快乐 DIY”活动。

我们穿过被装饰成太妃巧克力糖模样的梧桐公馆大门，就闻到一股香浓的巧克力味儿。大厅中间整齐地摆放着九张条桌，桌面铺着洁白的台布。我们找好位置坐下后，像群快乐的小喜鹊叽叽喳喳地说个不停，议论着该如何大显身手，做出形、色、味俱佳的巧克力来。

“巧克力快乐DIY”开始了！一位阿姨走到台前，拿着一袋融化的巧克力汁、一个模具，为我们简单演示了制作过程，然后便把“舞台”留给了我们。

我们粉墨登场了。我先选了草莓口味的粉红色的巧克力汁，把它舀进一个塑料袋子里，扎紧上口；接着挑了一个芭比娃娃造型的模具，平放在桌子上；然后像蛋糕制作师挤奶油似的，把袋子中融化的巧克力汁通过塑料袋下方的小洞挤入模具中；最后放入一根吸管，加上盖子压平。稍等片刻，我把模子上的盖儿轻轻打开，一个粉红色的“小姑娘”就出现了。我把它端给阿姨，让阿姨把它放入冰箱中降温定型。阿姨夸了我一句：“小姑娘，手脚可真麻利！还可以再做喔。”听了阿姨的话，我不好意思地笑了。

再做什么呢？我瞟了瞟一旁的表妹刘依然，见她做了个可爱的小白兔，心想：“下面我要做个有创意、多彩的巧克力。”我挑了一个白雪公主模具，放在桌上，选了白色的巧克力汁做白雪公主的脸蛋，用蓝色的做眼睛，黄色的做头发，橘红色的做上衣，绿色的做裙子……我穿梭来回了好多趟，不禁引来了好奇的阿姨：“这么复杂啊，还真少见，可要细心哦，不要把颜色弄混了，那就适得其反了！”我感激地点点头，小心翼翼地挤着各色巧克力汁，用竹片刀把多余的巧克力汁轻轻剔去……

10分钟后，大功告成！阿姨从冷冻室里拿出我的作品，我细细端详：“白雪公主”白皙的脸庞，金黄色的波浪卷发，额前留着短短的刘海儿，刘海下是蓝宝石一般明净的眼睛，闪着善良的光芒，橘红色的上衣，蓝

作者自悟

细节描写要写得好，就得把事情的相关过程像电影中的慢动作一样一格格把画面在头脑中重现，然后才能写下来，这里我用“舀”、“扎”、“挑”、“挤”、“放”、“压”刻画了我制作芭比娃娃时的情形，你是不是也学会了一招？

我用最细腻的笔墨描写了白雪公主的样子，字里行间充溢着我的成就感。

色的蝴蝶结，绿色的短裙。“好漂亮！”阿姨的赞叹声引来了小伙伴们，她们交口称赞：“呀，你的手可真巧！”“是啊，你怎么想出这样搭配的，颜色真鲜艳！”“这么好看的巧克力，你舍得吃吗？”“我也要做一个这样的，不知能不能做好。”……听了小伙伴们的话，我得意极了，只顾一个劲地傻乐，甜蜜和快乐漾满了心窝。

作者自悟

用各方人员对我手工的评价，侧面反应我的 DIY 做得非常棒！

一个半小时后，我和小伙伴们带着浓浓的巧克力香，手提装着“DIY”出的唐老鸭、米老鼠等各种造型的巧克力袋子，踏上了归途。我要把我的作品带回家和爸爸妈妈一起欣赏。美味巧克力，快乐“DIY”！

作品简评

善于抓住生活的点滴，就能捕捉到快乐。“快乐”是我这篇文章的情感基调，我用细腻生动的笔触，详写了“制作芭比娃娃和白雪公主”的两个片段，结合我的作品又写了小伙伴们和阿姨的反应，点面结合、正面描写与侧面描写结合，这样就可以比较全面地表现活动的过程和重点场景。当然描写真切离不开当时的用心观察与体验。你读了我文章，尤其是对制作“巧克力白雪公主”的片段描写，就会有所体会了。

读者评读

6. 一路有“你”

——我最喜欢的一句名言

读者发现

花儿有它最喜欢的一缕阳光，因为阳光使它更加娇艳；鱼儿有它最喜欢的一汪水，因为水儿让它更有

读者发现

活力；鸟儿有它最喜欢的一片天空，因为天空使它更加自由……我有自己最喜欢的一句名言——“苍天不负有心人”，因为它给我不竭的动力。

2014年的一天，在少年宫的电子琴培训班上，老师教了我们一首难度较高的练习曲。这个曲子大半地方要双手交叉弹奏，直到下课了我还是手忙脚乱，不能顺畅地弹下来，惹得老师频频摇头。我心里特别难过，暗自发誓：不蒸馒头争(蒸)口气，我一定要在下一节课前完成练习，让老师刮目相看。

一回到家，我就扎进房间，把自己“摁”在电子琴前，开始分手练习。“do，do，mi，mi”，“la，la，sol，mi”。我耐着性子弹奏着，随着我手指的移动，一个个音符从指缝间蹦出来，听起来显得干巴、孤立，没有整体、节奏可言。回想起课堂上的老师，双手在键盘上如行云流水，动听优美的音符从指缝流淌出来，让人沉醉，给人美妙的遐想。唉，一天一地啊！我不由深深地叹了一口气。

平复了一下心情，我尝试双手直接配合弹“dola-solsol-mi--”，“mi-solla-solla”。刚开始还凑合，但没弹几下就“溃不成曲”了。“dola-solsol-mi—”，“mi-solla-solla”，“dola-solsol-mi--”……我尝试从头再来，可总是重复前面的故事。“不弹了！”我心烦意乱地把手在琴键上一划，愤愤地把琴谱往旁边一丢，躺在床上生闷气。

“怎么不弹了？”妈妈听我中断了练习，走进房间一探究竟。“我都弹七八遍了，没一次顺畅地弹下来，太难了！”“七八遍就算多了？前段时间你们学的课文讲徐悲鸿是怎么成为大画家的？是画了七八张画就成了大画家了？”听了妈妈的连珠炮似的问话，我从床上坐了起来，摇摇头。“讲徐悲鸿成画家说什么来着，苍

读者发现

天不负有心人！勤学苦练才是正道啊！”妈妈的这番话语让我耳热心跳之余多了几分思索……

我心中默念了几遍“苍天不负有心人”，便拿起琴谱，端坐在电子琴前专心致志地练起来，先分手“do,do,mi,mi”，“la,la,sol,mi”，熟练后再合手“dola-solsol-mi--”，“mi-solla-solla”，一次不行，两次，两次不行，三次……一天不行，两天、三天……我始终坚信“苍天不负有心人”。在一星期后的电子琴课上，我顺利通过了课堂考核。看着老师赞许的眼神，我骄傲地笑了。

此后，每当我做事情想放弃时，就会想到“苍天不负有心人”这句名言，便增添了我奋力向前的动力。这句话伴着我学会编织出复杂的中国结，陪着我掌握了元宝后滚翻的舞蹈基本动作，支持着我在 CE 英语希望杯口语竞赛中获得二等奖……可以说，我的每一个小小的成功背后都潜藏着它的身影。

“苍天不负有心人”给我插上了人生的翅膀，扯起了生活的风帆，一路有“你”，终身受益。

7. 校园里的新鲜事

读者发现

今天是教师节，下午放学整队时，我们六(3)班同学个个脸上带着几分神秘和骄傲，个个手里紧握一朵鲜花。这招来其他班同学的阵阵猜疑：“真新鲜！怎么六(3)班的同学手里都拿着花呀？”“教师节送老师的呗，哎——不对！现在可是回家的节奏哎？”“莫非送老师没收，只好原物带回？”“怎么大家都是一朵？真是奇怪！”……

事情还得从放学前说起——

快放学了，只见数学课代表风风火火地跑进教室

读者发现

说:"号外,号外,张老师来了!"看到教室里有些波澜不惊,他接着极为夸张地说:"张老师手里捧着好大一捧鲜花,有三四十朵哩!"他的话成功撩起了大家的好奇心,纷纷慨叹猜测。

等张老师出现在教室时,我立马醒悟自己和大家被数学课代表摆了一道:张老师手里确实捧着好大一捧鲜花,确实有三十几朵花。可这不是今天同学送的吗?这束粉红色的康乃馨是尚青送的,那两支洁白如雪的百合是我的同桌小秋送的,最中间几朵紫色郁金香是别出心裁的优优送的……

张老师把花束放在讲台上,笑吟吟地开了腔:"今天数学家庭作业已经在下午的数学课上布置了,不过老师想特别增加一项。"看来是今晚有数学思考题,我立马竖起了耳朵,屏息凝听。

"在布置这项作业前,我先问大家一个问题——你们的第一任老师是谁?"这么简单的问题有谁不会?大家纷纷举手回答。有的说是江老师,有的说是陈老师……我也举手说了我的第一任老师是许老师。可我们的回答被张老师微笑着否定了,我们如同被装进了闷葫芦中。

看到同学们陷入了沉默,张老师"开恩"提示道:"注意,我问的是你们的第一任老师。想想看,最初教你爬行、走路、说话的是哪位'老师'呀?"听着张老师的问话,看着她那意味深长的笑容,我们终于开了窍,七嘴八舌地答着:"是爸爸。""是妈妈。""对呀,是你们的父母,他们才是你们的第一任老师。今天你们想到给现任的老师送花或者其他小礼物,有没有想到给你们的爸爸妈妈送呢?他们从你们出生到现在时时刻刻陪伴着你们,教你们做人、求知,他们确实是你们的第一任老师。教师节这天,他们是不是也应该被你们想起？”

大家都露出了若有所思的神情。张老师接着说：“今天是教师节，张老师也得感谢你们的父母，是他们的辛勤付出，才使我能够教到聪明、活泼、可爱的你们。所以今天老师特别布置大家完成一项作业——”张老师说着捧起了讲台上的鲜花，“呶，我借花献佛，每人从我这儿领一枝鲜花，代表我，也代表自己，在教师节这天，向你们的第一任‘老师’表示谢意。”

听了张老师的话，我觉得新鲜、意外的同时，不禁有一种感动：张老师布置我们特别的作业是送花——代表她，也代表我们自己，向我们的第一任老师——父母送花！

于是，我和同学们每个人都带着感动、带着骄傲，从张老师那里领了一枝鲜花。在捧着花儿回家的路上，我想，今晚我们六(3)班的学生家里一定会出现好多难忘的瞬间，今后一定会有许多同学和我一样不时回想起教师节这天发生在校园里、发生在六(3)班的这件新鲜而美好的事。

8. 被牵挂的感觉真好

牵挂是什么？是一篮鸡蛋，是一通电话，是一种等待……你能从中感受到融融的爱意，感觉好温馨、好开心、好甜蜜……

“陈汝馨，奶奶来电话了！”“哎，来喽——”自从我有了手机，奶奶就立马改变了她对现代电子数码产品的抗拒，让姑姑也给她配了一部，并关照二姑把我的号码排在亲情号码的第一位，按个“1”就可直拨给我。这不，一个月里一位快 80 岁的老奶奶和我这个 11 岁

读者发现

的五年级学生已经第八次“煲电话粥”了。

“大孙女，最近怎么样啊？”“奶奶，我很好，吃得美，睡得香，现在身高超过妈妈了。”“好！好！好！”电话那头传来的声音里有抑制不住的喜悦：“立秋了，晚上睡觉不要贪凉不盖毯子，小心受凉感冒。”“奶奶，您就放宽心吧，我睡觉老实着呢，盖得好好的。”我甜甜地应道。“那就好，那就好，暑假作业做好没？要细心啊。”“作业做好了，我很细心。要不奶奶您查查？”我不由耍起了调皮。“你欺负奶奶不识字？我让你妈查。”听了奶奶的话，我冲一旁的妈妈吐了吐舌头。“奶奶送去的贵妃鸡蛋吃完了吗？要不奶奶再给你买点送去？”“没呢，你上次一下送来 100 个，哪能这么快就吃完？我严格遵照您的指示，一天吃两个，绝无虚假。”我一边回想起两周前奶奶大汗淋漓地送鸡蛋来的情景，一边幸福地朝着摆出一副嫉妒表情的爸爸做了个鬼脸……

就这样，奶奶对我的衣食住行和学习关心个遍，落实了我回乡下老家过暑假的时间后，才结束通话。放下手机，我的心湖漾起了阵阵涟漪。奶奶每次来电话总是问长问短，有些问题是老生常谈，但我一点也不觉得奶奶絮叨，总觉得心里甜滋滋的。

三天后是星期天，我们一家三口如约回乡下看奶奶。一下车，就见满头白发的奶奶迎上前来。“妈，这么大岁数了，你到车站来干嘛？这么近，我们哪需要接啊？”爸爸心疼地说。“我是来接我大孙女的。”奶奶乐呵呵地把脸朝着我，关切地问：“大孙女，今天晕车了没？”“没，妈妈给我贴了晕车贴，加上我想到要看到奶奶，就不晕车了。”“你看我大孙女就是会说话。来，奶奶搀着你走。” 奶奶一边走着一边套着我耳朵说：“记得你上次回来吃得最欢的是酸菜鱼，我今天让你二姑烧了一大盆呢。”“谢谢奶奶！”我心里不由为奶奶的细

读者发现

心而感动，脸上笑得像绽开了一朵花。

到了家，二姑说：“你奶奶听说你来，一早就铺床，怕蚊子‘吃’了你，蚊帐都是新挂的。这不，去接你的时候，还几次叫我看着锅，一定要把酸菜鱼烧好，喂你这个小馋猫。”一家人都笑了，我躲在奶奶背后，半是害羞半是感动地笑了。

奶奶，你对我的关心和牵挂就是春日的和风、夏日的绿荫、秋日的瓜果、冬日的暖阳，是那么的轻柔、清爽、饱满、温暖。啊，被牵挂的感觉真好！

读者发现

9. 面条的滋味

餐桌上静静地放着一碗热气腾腾的面条：热腾腾的鸡汁、红色的胡萝卜丝、绿油油的小青菜、红彤彤的火腿肠、洁白如玉的面条，上面还散落着几粒蒜花，看上去十分诱人。热气、香气飘逸着，一旁是笑靥如花的妈妈。

寒假里的一天，天色已晚，爸爸加班还没回来。身体不适坐在床上看书的妈妈问我几点钟了。我告诉妈妈说6点钟了。妈妈摸摸肚子，说一声“怪不得”，就欠身准备起床。我知道妈妈饿了，心想妈妈身体不适，好不容易休息一会，怎能让她再劳累，就说：“妈妈，不用您起床，我来弄饭。”妈妈一愣，然后微微地点了点头。

我快步走进厨房，发现冰箱中有面条、胡萝卜、火腿肠、小青菜，还有熬好的鸡汤。我决定做个鸡汤面给妈妈吃，这样既有营养，还很方便，不会让妈妈饿着。

我忙活开了：把小青菜和胡萝卜清洗好，然后用刨子轻轻刨去胡萝卜的外衣，把它切成丝，再把小青菜理顺，一下一下切成小段，最后把火腿肠切成片，配

读者发现

料算是大功告成。

我打开煤气灶，烧干锅里残留的水，再倒入少量的油，等有了微温后便放入葱花。见葱花在锅中“噼噼啪啪”跳起了舞，我立马放进胡萝卜丝，左翻右炒，等胡萝卜丝稍稍变软就投入青菜和火腿肠片一起翻炒，随即倒入鸡汁，盖上盖子等待。不一会儿，汤开了，打开锅盖，只见青菜、火腿肠片、胡萝卜丝随着汤汁上下翻滚。我把面条下进锅里，用筷子把面条搅开，再盖上盖子，待开后，又加进一点冷水。我想，妈妈身体不适，肯定想吃软乎点儿的，又等了近一分钟才开锅。

面条该出锅了，我拿起漏勺和筷子，几番忙碌之后，面条乖乖地进了碗。瞧，鸡汁香气扑鼻，面条、胡萝卜丝、火腿肠片、青菜，红绿相间、白中带红，看上去真是赏心悦目。

我把热气腾腾的面条端给妈妈：“妈，尝尝我的手艺，小心别把舌头吞了。”妈妈眉开眼笑地说：“不用尝，看着就觉得好吃。”“你尝尝嘛！”妈妈小心翼翼地挑了几根放入口中，有点夸张地晃着头，咂着嘴：“啧，啧啧——这面怎么这么好吃，我可真得留心舌头。”我听了喜滋滋的，跑过去把剩下的面条装成一小碗，陪着妈妈“呼哧呼哧”地吃起来。呀！看来我没吹牛，真是好吃啊！

吃着喷香的面条，看着妈妈不时瞥向我的温柔眼神，一股说不清的幸福感在我心头涌动。喔，这面条的滋味真让人……

读者发现

10. 十字街头的那抹橘红

早晨上学经过一处十字街头时，我总会习惯抬头看，寻找那橘黄色的伞，找到伞下的那一抹熟悉的"橘红"，然后真诚地冲着她甜甜一笑。

一天上午，因为对妈妈连续两天早餐做面条给我吃而不满，我就从自己的"小金库"里拿了5块钱，跑出家门去换口味。

我顺着上学的路向前走。哎，前面不远的十字路口有把橘黄色的大伞，伞下有个橘红色的身影——放心早餐点！我连忙跑上前去："橘红"是个40岁左右的阿姨，圆脸细眉，平凡得可以转身就能忘记。"阿姨，我要一杯豆浆，一个毛毛虫面包。""好咧，给，合计三块五。"我付了钱，站在一旁猛吸海吃起来。"呦，慢点，别噎着。今天星期天，怎么家里没弄早饭？""弄了，我妈弄的青菜鸡蛋面，不爱吃。""好啊，面条、青菜、鸡蛋，营养早餐啊。" 我有点语塞，没接话头。"弄好的饭不吃，白让你妈辛苦，她不生气吗？"我回想起出门时妈妈板着的脸，不由吐吐舌头："那怎么办？""说个软话，陪个笑脸，母女俩哪会记仇啊？"我抬头看了看这位阿姨，见她脸上满是亲切友善的笑容，不由点了点头。

回到家，向妈妈捧上我后买的豆浆，撒了几句娇。果然妈妈轻责一声"死丫头"，就雨过天晴了。

几天后的星期六早上，我按住了要起床的妈妈，告诉她我自己出去吃早餐，步行去少年宫。

7:30左右，我来到十字街头那位阿姨的早餐点前："阿姨，来杯豆浆，一个毛毛虫面包。""哎，是你。"阿姨显然认出了我，"怎么，又不肯吃面条了？""没，让妈妈睡会儿懒觉，我自己去少年宫学电子琴。""哟，有

读者发现

孝心……找你钱。”“谢谢，阿姨再见。”阿姨的夸奖让我有些不好意思，我边走边动手准备享用早餐。没走几步，“哎呦！”我脚下一绊，一个踉跄跌倒在地。“怎么啦？摔坏没有？”阿姨跑过来扶起我。“没什么。”我揉揉有些发疼的膝盖，抬眼一看，不由傻住了：面包躺在地上，沾满了灰；豆浆摔破了，撒了一地。我叹了一口气，拔腿准备走。“哎，孩子，不吃就走啊？”“那就来杯豆浆吧。”我迟疑了一下，掏出刚才阿姨找给我的钱。“呶，再拿个面包。”“我身上——”“没事，下次带给我就行，你是个实诚的孩子，阿姨信你。当心脚底下，走好。”“谢谢阿姨。”我感激地看了她一眼。走出十几步开外，我回头凝望时，只见那个橘红色的身影正在收拾我留在那儿的“残局”。哦，卖早点的阿姨……

从那天起，我总喜欢走这处十字街头，喜欢在此处看那抹橘红色，品味涌上心头的那份温暖、真诚、友善。

毕 彤

江苏省淮安市新民路小学

作者名片

大家好！我叫毕彤，今年11岁，笔名琪花瑶草，就读于淮安市新民路小学。我是阳光快乐的，喜欢画画、弹琴、做手工等；我也是沉静、腼腆的，更多的时候，我喜欢捧着一本书，拥挤的公交车上，喧闹的课间10分钟，深夜的灯下……只要捧起书我就会忘记周围的一切，我与书中人物同欢乐，共悲喜。我最大的爱好是写作，以前在自己的日记本里写，现在在自己的QQ空间写。天上飞的，地上跑的，河里游的，都是我日记的主人公。因为经常写日记，写作文的时候就得心应手。最近我还主动投稿，已经有好几篇习作在《淮海晚报》上发表，还有一篇发表于省级刊物《江苏教育报》学生板块。写作的路上，无论有多艰难，我都会坚持走下去。

老师荐读

1. 桃花雨

阳光明媚的中午,我和好朋友约好一起去桃花岛“邀请”漂亮的桃花仙子。

我们来到桃花岛,抬头远望,满树的桃花,犹如天边的云彩,一朵朵,一片片,美不胜收。仔细瞧那躲在嫩叶间的桃花仙子,长得可漂亮了,红扑扑的小脸如同抹上胭红,粉嘟嘟、肉呼呼,身穿粉红色的及地纱裙,还有棕色的山羊鞋,可爱极了。桃花仙子们一个个显得彬彬有礼,安静地躺在树妈妈的怀抱里听着故事。树妈妈茂密的头发被春姑娘染成了绿色,有几绺头发搭在耳后,竟被几个调皮的桃花仙子当作滑滑梯。树妈妈长长的手臂是桃花仙子们的娱乐场所。我和好朋友像两只辛勤的蜜蜂,围在树妈妈的身边蹿来跳去。树妈妈既热情又好客,她把桃花仙子们叫到一起,让她们跳一曲美丽的舞蹈。风伯伯看见了可不高兴了,他气得眼睛鼓鼓的,鼻子红彤彤的,像一个气球,嘴巴也在絮絮叨叨地嘀咕着——“呼——呼”,一声接一声,桃花仙子们受了惊吓,有的躲到家里不敢出来了,有的东倒西歪站不稳,也有的被吹到地上跌伤了脚起不来了,正伤心地哭泣。

我看了好心疼,小心地捧起她们,装进随身带来的瓶子里。此刻,我的玻璃瓶成了温暖的摇篮,她们安静地睡着。我捧着瓶子,小心翼翼地走着,生怕一用劲就惊醒了她们。风伯伯还在继续吹,连树妈妈都被吹得大声喘着粗气。不过呢,终究有几个胆子大,她们把风伯伯的后背当蹦蹦床,尽情地蹦啊跳啊,随着风儿

老师点拨

一个“远望”,一个“细瞧”,写出了小作者观察的顺序,使景色美清晰而有层次感。

此处景物描写活色生香,语言极具感染力。“红扑扑”、“粉嘟嘟”、“肉呼呼”等叠词的运用,符合孩子的年龄特点,小作者对桃花的喜爱之情溢于言表。

桃花宝宝吹弹即破的娇嫩,我的精心呵护,不免让读者心生爱怜。多么富有爱心的孩子啊!

悠扬的旋律，跳起了优美的新疆舞。长长的辫子甩呀甩，扑簌簌，扑簌簌——她们跳着，笑着，飘到了空中，落到了地面……

多美的桃花雨呀！我沉浸在花的世界里，仿佛自己也是一朵粉红的桃花，与一树树桃花精灵一起翩翩起舞。

老师点拨

结尾的想象令人动容，文章中作者对桃花浓浓的爱让人真切感受到。

作品简评

本文是一篇不可多得的状物作品。小作者情感细腻，观察细心。多角度描摹桃花的美，由远及近，有静有动。从一树树的整体感知，到一朵朵的细腻描写；从“风”处落笔，对桃花的观察与描写，一切安排得井井有条。在写作过程中，小作者能熟练地运用比喻、拟人等修辞手法扮靓语言，使文章内容丰富、文辞精美。

指导老师　余萍

2. 我与蜜蜂“抢”草莓

在如皋的第二天下午，我和小伙伴相约一起去摘草莓。

走在坑坑洼洼的泥路上，我们险些跌倒。抬眼望去，田野里零零落落矗立着几个塑料大棚，好像士兵整整齐齐守着阵地。走到大棚门口，一股暖流扑面而来。将脑袋探进大棚，里面更是热气腾腾，好像开了空调一般。低头一看，草莓娃娃们头戴绿色的花边帽，身穿鲜红的裙子，上面镶嵌着白色小花，看上去舒服极了。这些草莓有的圆溜溜的像一个小皮球，有的上尖下圆，像一颗可爱的红心，还有的奇形怪状，像是天然形成的红宝石。

老师点拨

文题中一个“抢”字，首先赚足了眼球，如何与蜜蜂“抢”草莓？令读者迫不及待欲知下文。

“坑坑洼洼”、“零零落落”、“整整齐齐”，开篇就是一组颇有气势的叠词，交代事情发生的地点，使读者如同亲临其境。

我拿了盒子，撒开脚丫就奔向草莓。老远就看到有一只大草莓羞羞答答地躲在叶子伞下，我冲过去伸手就摘，没想到却被另一只手以更快的速度给摘走了。我懊恼地叹了一声，立马启动我的一双“雷达眼”继续搜寻。哈！两只又红又大的草莓在等我呢！我以迅雷不及掩耳之势，手到莓落。这两个草莓娃娃散发出诱人的香气。

狠狠地吞了一下口水，我继续前行。前面的草莓真多呀！左摘右摘，忙得热火朝天。突然，“嗡”的一声，呀，蜜蜂！小时候被蜇过，所以一看见蜜蜂立即吓得魂飞魄散。想逃走，可是，一只鲜红而又硕大的草莓进入我的视野。怎么办？离开，不甘心；想摘，怕蜜蜂。眼珠一转，看来我得上演一场“人蜂大决战”了。我小心翼翼地踮起脚尖，轻轻走向蜜蜂，挥动双手，企图赶走蜜蜂。无奈蜜蜂装聋作哑不理我。一招不成，第二招：“狮吼功。”我亮开嗓门，大吼几声，几只蜜蜂仍旧悠然地在草莓间飞舞。咋办？眼看蜜蜂步步紧逼，我拿起塑料盒，扑过去准备套住它，结果蜜蜂没套到，自己却摔了个猪拱地，满嘴泥巴。不知是这次动静太大，还是蜜蜂“良心发现”，等我站起身，嗨！蜜蜂竟夹着尾巴逃走了。哈，我赢了！这才放心地摘下这只草莓。

不大一会儿，我的盒子里已装满了红红的草莓。看着沉甸甸的收获，我心里有说不出的满足与自豪。

老师点拨

此处“踮起脚尖”、“轻轻走向”表示动作的词贴切而富有画面感，“大吼”、“扑”、“猪拱地”等处描绘生动形象，又令人忍俊不禁。

作品简评

本文循着“走向—搜寻—抢摘—收获”这一过程依次展开叙述，尤其“抢摘”部分，先是迫不及待搜寻，继而遭遇蜜蜂，上演“人蜂大战”，这是本文的高潮之处，将自己如何与蜜蜂周旋的经过生动再现。这一环节独具匠心，写得风生水起，情趣盎然。孩童天真烂漫的形象赫然立于纸上。

“摘草莓”本是司空见惯的活计。在小作者笔下,一个“抢”字就赋予了这件寻常小事非同一般的感觉,足见小作者构思的巧妙与别致,遣词造句的准确与灵动。

指导老师　余萍

作者引读

3. 小河晨曲

我家老房子的后面,流淌着一条清澈的小河。她一年四季都很美。春天一到,岸边的小草便披上绿色的旗袍;夏天,茂密的树叶遮住太阳那刺眼的光线,给玩耍的我们带来凉爽。秋天,火红的枫叶离开了大树的怀抱,在空中飞舞,落在河面,像一只只小船,驶向远方;冬天,银装素裹,盛夏的绿树早已换了一件件时髦的银装。

家乡的小河,最美的是在早晨。

清早,太阳还在酣睡,小河已被晨练的人们吵醒。她不急也不恼,只是笑眯眯地看着河岸边的人们。有白发苍苍的老人,有和我一样顽皮的孩子,有打羽毛球的,有舞剑的,有打太极拳的,还有拎着鸟笼怡然自得散步的。瞧!那个矮墩墩、胖乎乎的小男孩,手执一把剑正跟他的爷爷学舞剑呢。嘿,学得真是有模有样。只见他把剑举起,又顺时针绕了一圈,再猛地把剑往前一刺。他自己也觉得学得不错,得意地傻笑起来,周围晨练的人都跟着笑起来。小河见了,也哈哈大笑。层层波浪随着小河的笑声高低起伏。河面上薄薄的雾气袅

作者自悟

文题开始定为“早晨的小河”,后又改为“小河边的早晨”,经过老师指点后,修改为“小河晨曲”,感觉非常精练。

写景离不开人,小男孩是我想要表现的一个代表人物。清晨,河边玩耍的孩子很多,但这个学剑的小男孩很可爱,学得认真,给晨练的人带来欢乐。

袅地飘向岸边，仿佛给晨练的人们披上了一件件透明的衣衫，岸边的树木也显得特别神秘。

“真美呀！”我情不自禁地赞叹。或许，我的声音太大，惊动了一只小鸟，它拍拍翅膀从小河岸边的树上飞向河面的上空。我的目光也跟着小鸟飞向远方。这时，晨曦早已退去，太阳伸个懒腰，从水面跃起。点点阳光洒在水面上，一闪一闪，像撒了满河的金子，鱼儿调皮地吐着泡泡。晨练的人们逐渐增多，小河，依然静静地流淌着。浪花快乐地唱着歌，在为晨练的人们配乐呢！

啊！家乡的小河，你没有长江的源远流长，没有黄河的波澜壮阔，你却给家乡的人民带来无尽的欢乐与喜悦。你的无私，是任何一条河流都无法比拟的！

作者自悟

老师经常说要学会用周围的景衬托文章主体，写“小河”，必然少不了周边的鸟、鱼以及晨练的人，这样就丰富多啦。

作品简评

自从进城读书后，很少回老家，但老家常常出现在我的梦里，尤其是屋后的小河。每到假期，大多数时间都在河边嬉戏玩耍，这条清澈的小河给了我灵感。于是，我开始注意观察。虽然一整天小河都很热闹，但是我最喜欢的还是清早，河边空气清新，人多热闹。再说了，一日之计在于晨嘛，早晨，总给人一种希望的感觉。

作文写好后请老师指导。老师夸我选材好，还在文章后面写了这样一句话：“土地因水而鲜活，家乡因水而灵秀，人们因水而智慧。”虽然我不太完全懂得老师的意思，但也感觉到，水是最有灵气的，我喜欢水！

4. 秋姑娘的信使

作者自悟

一个暖融融的午后，我做完了所有的家庭作业，趴在窗台上向外张望。阳光温柔地抚摸着我，轻轻地，我闭上了眼睛，走进了一个别样的花园，相逢了秋姑娘……

秋天的美景富有诗情画意，使我联想到秋天应该是秋姑娘为人间写的诗。

秋姑娘穿着金黄色的纱裙，款款而来。她微笑的目光掠过田野，树木、庄稼、小草都变着花样欢迎秋姑娘。瞧，落叶飘起来了，菊花黄灿灿了，小动物们也唱起了欢迎的歌儿。秋姑娘被大家感动了，提起笔为大伙儿写起诗来。

一首，一首，又一首。秋姑娘面前堆起了一大堆信封，风儿主动赶来做她的信使。

可是，风是个很懒惰的信使，不肯挨个送，便索性随手一抛。于是，这些信便像五彩缤纷的蝴蝶漫天飞舞，像窈窕淑女在云端翩翩起舞，像蓝天上的飞机自由翱翔，像游艇在平静的湖面上快乐滑行……飞往南方的大雁叼走了一封，河里的鱼儿调皮地吐着泡泡顶走了一封，螃蟹挥舞着大钳子夹走了一封，乌龟伯伯驮走了一封。信又飘到了草地上，正在忙着搬粮食的蚂蚁也抬走了一封。果园里飘着浓浓的果香，石榴笑得咧开了嘴向秋姑娘祝贺，苹果羞红着脸，忸怩地祝贺，葡萄穿着紫色的礼服，扭着腰祝贺。花园里就属菊花开得最旺，红、黄、粉，各种颜色应有尽有。金色的雍容华贵，金光灿烂；红色的热情奔放，绚丽夺目；白色的洁清怡雅，淡妆素裹。它们都是可爱的小天使，一齐向秋姑娘致谢。

看着五彩缤纷的树叶在空中翩翩起舞，有的飞向远处，有的落到湖面……它们姿态万千，美不胜收，于是有了这一段的描写。

信一封封被拿走了，最后还有一封孤单地躺在地上，这封信见没人理睬它，就从地上爬了起来，开始了它的流浪生活。

光阴似箭，一眨眼便到了冬天，小动物冬眠了，花朵也都凋谢了。信使一个人呆呆地趴在窗台上望着屋外白茫茫的一片……

啪！谁打我？咦，这趴在窗台上的不是我吗？

作者自悟

结尾写如梦初醒，其实是为了突出秋天的美景，使我沉醉。

作品简评

以秋天为题材的文章很多，如果简单描绘秋天的样子，总感觉不新颖。在一次秋游之后，置身于大自然的怀抱里，感觉秋天就像美丽的信使一样，每年一到季节就准时向人间宣布：秋天来了！于是，我决定使用拟人化的手法来写一篇关于秋天的文章。

因为平时喜欢阅读，也积累了很多好词好句。写作时，我借鉴了一些精彩词句，如"雍容华贵、绚丽夺目、洁清怡雅、淡妆素裹"等。老师说过，学以致用。优美的词语要用得恰当，但不可以生搬硬套。

5. 冬天里的"春风"

春天的温暖让人迷恋，夏日的清爽让人舒畅，秋风的芬芳让人陶醉，而冬日里那一小阵"春风"，却会吹进我的内心深处，暖上一冬天，甚至更久更久……

那是冬天的一个傍晚，我和爸爸去外地旅行，恰好又碰上大雪，错过了班车。只好待在车站里等待车辆，左等右等不见一辆车。我冻得直发抖，全身都像被浸在冰水里一样，快成冰激淋了。爸爸说："走，我们去找家旅店借宿一夜，要不然会被冻感冒的。"说完，便拉起我的手往城里的方向走。我和爸爸在雪地里走了好久，也没看见一家旅店。爸爸失望地说："难道让我们爷儿俩露宿雪地吗？"正在这时，一辆三轮车停在我

作者自悟

"冬天里的'春风'"，这个题目是不是很别致？没错，我就喜欢在文章题目上下功夫，叫人眼前一亮，嘿嘿。

"冰激淋"一词真实地反映了我当时冷的程度。

作者自悟

们面前，车上传来一个苍老的声音：“你们迷路了吗？”爸爸立即走上前去说：“老人家，我们错过了班车，现在找不到旅馆，请问您顺路吗？能把我们带到市区吗？我会多给您钱的。”老爷爷笑着点了点头。我爬到车里，爸爸坐在了老爷爷的旁边，跟他拉起了家常。不知不觉进了市区，爸爸说：“可以了，这里可以打的了，老人家你到家了吗？”老爷爷笑呵呵地说：“我家早过了哦。你们到了我也掉头回去了。”

“什么，您特地把我们送过来的？这让我怎么感激您？给您钱。”说着爸爸递过一张百元钞票。老爷爷挥挥手没有接。爸爸以为他嫌少，连忙又掏出一张。

“不要钱。我是卖菜的，回来晚了，碰到你们俩。算我们有缘。再见吧！”老爷爷说着已经发动了三轮车。

“滴滴——”三轮车载着老爷爷那矮小的身躯在雪地里缓缓地前行着。看着远去的车影，我的眼睛湿润了……

在这个大雪纷飞的季节，那位不相识的白胡子爷爷，给了我和爸爸最珍贵的帮助，犹如一股和煦的春风，吹得我心头暖烘烘的。

老爷爷的帮助，像春风一样温暖着我的心。结尾这样的安排，目的是点题，同时也表达自己内心的感动。

作品简评

这是发生在我身上的一件真实的事情。永远忘不了那次从老家回来，路上看不到车的艰难，幸运的是后来碰到了一位老爷爷送我们到城里的公交车站。写作时，我抓住老爷爷“主动送我们回家不肯收钱，为了方便我们过自己家门也不说”这两个情节详细地叙述，避免出现流水账，显得重点突出。

我还安排了首尾呼应的写法，以便突出内心的感受，突出“春天般的温暖”，令人难忘。

读者评读

6. 回忆年的味道

读者发现

时光匆匆如流水，一去不返。人生中有许多短暂而又美好的时光，都悄悄消逝了。但总会有一些瞬间，刻在记忆深处，如同漆黑的夜空里挂着的一颗星，忽闪忽闪地发着光——那就是年的光华，像雪一样纯净，像烟花一样灿烂。

怀着像雪一样纯净的心，才可以看清雪的世界。年初一的早晨，推开窗一看，窗外已是一片雪的世界：大地盖上了一条厚厚的棉被，树儿在寒风中秀着自己时髦的银色礼服，远处的村庄已成晶莹的雕塑，美丽极了。雪花，纷纷扬扬地从空中落下，闪着丝丝寒光，驱走了我陈年所有的烦恼，给我新年的早晨带来了无限欢乐。她们似玉一样纯，如银一般白，像棉花，像鹅毛，大片大片洁白的雪花像无数只白蝴蝶漫天飞舞，嬉闹着，说笑着，坐在寒风爷爷的背上降落下来。当落到地面时，她们像跟你捉迷藏似的，神秘地不见了，变成了隐形的小水珠亲吻着大地妈妈。她们到底是天堂派下的小天使，还是月宫桂树上落下的玉叶呢？

再美的景色也挡不住美食的诱惑。热气腾腾的饺子和汤圆上桌了。第一次在乡下奶奶家过年，趴了满桌的孩子，勾起了我的食欲。我三下五除二就把一碗吃个精光，扔下碗就要出去玩，谁知奶奶拿起碗立即去厨房又盛了半碗。看来还是奶奶疼我！我端起来呼啦啦又吃完了。刚放下碗，奶奶立马又盛来半碗。

“奶奶，你想撑死我呀！”

“童言无忌！我盛了又没叫你吃！”奶奶急忙呸呸

读者发现

两口说。

“盛了不吃干嘛?”我纳闷。

“这叫年年有余,笨丫头!”哥哥插嘴道。

“迷信!”我白了他一眼。

“乖,这不叫迷信,这是我们老一辈留下的传统。过去缺吃少穿,年年盼着有余粮,就在大年初一这天,每个人碗里都留点饭,表示一年到头都有余粮啊!”

没想到,大年初一吃饭还有这么多讲究,真长知识呀!

一阵震耳欲聋的响声,划破了夜晚的天空。一个个烟花像腾空而飞的巨龙一样,呼啸着。烟花在墨黑的夜晚中升腾、绽开,像一朵朵美丽的鲜花,太漂亮了!红的、黄的、绿的、紫的,五彩缤纷的烟花有的像小鱼吹出的泡泡;有的像礼炮一样飞到天上炸出无数个小亮点;还有的像流星雨一样,一闪而过;有的像切成一半的西瓜,还有的像一张可爱的笑脸。

抬起头仰望天空,在这如墨的夜空里,烟花显得格外耀眼。它们像春天的鲜花一般绽放着,人们欢呼着,赞叹着。我也沉迷在过年美好的气氛里。

7.“长不大”的老师

读者发现

在我的心中,老师是严肃的化身。一副眼镜,不爱说笑,满脸威严。可是,进入五年级后,一位与众不同的老师走进了我们的课堂,给我留下了难以磨灭的印象。

这位老师个子不高,年纪不小,可仿佛总也长不大似的,平时总跟我们嘻嘻哈哈的,好像在他的世界里没有“师道尊严”这几个字。

读者发现

早自习

同学们摇头晃脑地读书，老师来回巡视，教室里一片“咿咿呀呀”的声音。突然，老师的脚步停了下来。有人偷偷瞄了一眼，哈，一同学正在偷吃早饭，老师悄悄地站在他身后，一动不动。该同学吃得忘乎所以，竟得意地东张西望起来，这一望，看见老师正死死盯着他手里的煎饼卷油条。只听老师大吼一声：“你怎么可以在课堂上吃东西，真是太过分了！罚你，罚你……明天请我吃早饭！谁让你激起我的食欲啊！”

全班笑翻，该同学不好意思地低下了头。

早　操

大家懒懒散散地下楼，动作丝毫没有老师要求的整齐划一的感觉。老师大怒，决定以身作则，自己做示范。于是，他快步跑到队伍前面，踏着运动员进行曲的节奏，开始摆臂，抬腿，可惜他实在是没有运动细胞，动作真是惨不忍睹，加上他有点驼背，腰杆怎么也挺不直。于是，我们全班同学面前只有一个小丑在“脖子扭扭、屁股扭扭”。

全班同学纷纷转脸，不忍再看……

语文课

老师开始滔滔不绝，可没说几句，就开始跑题。明明课文讲的是海伦·凯勒的故事，他却一会儿霍金，一会儿张海迪，从身残志不残讲到我们平时的学习态度……总之，天上地下，海阔天空，直到下课铃打响，他才大惊：这节课时间怎么这么短呢？接着意犹未尽地收回话题，说了一句：“总之，他们都是身残志坚的典范，我们要向他们学习！”然后大手一挥让我们下课。

他就是这样，无论扯多远，最后一句话一定能回归正题。此功夫让我们全班同学佩服不已。

下　课

操场上，男同学们在烈日下挥洒汗水，围着一只球在大呼小叫，你抢我夺。老师心血来潮，也要加入他们。只见老师气宇轩昂地走过来，潇洒地飞起一脚。在众人的惊讶声里，只见一只类似皮鞋的物体和足球一起飞了出去……

哈哈，我们的老师是否可爱异常？羡慕吧！那么，请到我们五(1)班来吧！

8. 我渴望回到童年

我搬家了，新家很漂亮，装潢豪华，但是，那一扇沉重的防盗门却阻隔了我的好心情。在这里，明明是邻居，却都如同陌生人，见面连个招呼都不打，更不要说聊聊天了。在这里，我没有朋友，虽然楼下有健身器材，但是很少去。我被妈妈锁在家中，只能从防盗门的猫眼里看世界。唉，自由在哪儿？不由得想起了童年，想起童年玩耍的大杂院。

春天来到大杂院，各家将花草搬到院子里，开得满园生辉，花香沁人；夏天我们在院中玩耍，直到大人呼唤，才恋恋不舍地挥手告别；秋天给大院增添了诗意，枫叶飘满大院，泥土的芬芳伴着秋风，使人心旷神怡；冬天的大院是温馨的，各家忙活着过年，有好吃的，便引来贪吃的孩子，明明不是亲人，却胜似亲人。

这是我长大的地方，有我最美好的记忆。如果可以，我真的好希望能回到童年，回到过去。我想回到童年，春天里和好朋友像仙女一样在花丛中奔跑、嬉戏；夏天里像假小子似的在水里玩耍，玩到月亮上班；秋天，躺在枫树下，数着落叶一片片；冬天，跑到屋外仰着头张开嘴舔吃冰凉的雪花……

读者发现

又一个清晨，我被窗外清脆的鸟鸣声唤醒。站在窗前，一阵清新的空气扑面而来，带着泥土朴实的清香。可是，此时我只能站在窗内看远处，看着眼前的小路弯弯曲曲地伸向远方，路的尽头有一棵巨大的梧桐树，树梢上的嫩芽也在阳光下显得格外清绿。儿时的我，也像这刚刚探出脑袋的嫩芽，好奇地张望这个神奇的世界，自由地在天空下享受着阳光。可是现在呢？我感觉自己却像这棵老梧桐树一样，虽然有了可以保护自我的能力，却回不到嫩芽的阶段。

五彩缤纷的童年像一个奇幻的水晶球，如果打碎了便化为乌有，我只能永远保存着这童年时的最后一抹回忆。

9. 快乐的图书漂流活动

读者发现

正如古人所说：开卷有益。为了让我们更好地读书，学校举行了“图书漂流活动”。

下午一到学校，扑鼻而来的是缕缕书香。伴随着书香我走进了教室。刚进门，眼前的情景让我大感意外。同学们都像一只只啃书虫，纷纷抱着书埋头苦读。原来，大家都想在书出售之前最后一次利用一回，便相互交换着读了。真是个好办法，我也赶紧跟同桌交换了一本书。

时间像箭一样飞快。漂流开始了。所有卖书的都集中到操场上。站在楼上向下看，人就像一只只黑乎

读者发现

乎的小蚂蚁慢吞吞地爬动着。看着堆得跟小山一样的书，我不禁咽了一下口水。

操场挤得几乎水泄不通，我仿佛不用走路，都是被别人夹着往前的，一不小心就踩到前一个人的脚跟。来到我们班的图书漂流角，几个“生意人”早已把桌子拼好，图书整整齐齐地放在桌上，每本书的定价牌子一一排开。不等一会儿便有人“大驾光临”了。一个清瘦的小姑娘笑吟吟地走过来，她先扫描了一下，接着目光停留在一本《中华上下五千年》，可一看定价，她的笑容瞬间消失得无影无踪。我看透了她的心思，便说：“这本书挺好的，如果你真心想要也可以便宜点。”“可是……可是我只有4块钱。”她红着脸说。

“4块就4块吧！”不知谁说了一句，那姑娘立马递过4个钢镚，拿起书欢天喜地地走了。一桩生意做成，我们班的同学士气大振。

此起彼伏的叫卖声中，书渐渐少了，最后只剩几本了。这时，一个戴着眼镜的男生慢悠悠地走来，漫不经心地看了一眼，问：“这本《查理九世》多少钱？”我说：“5元。”他皱着眉头说：“最多1元，否则走人。”

他转了一圈，又回来，手里捏着两块钱说：“两块行吗？”

“打劫呢？”书主人张磊白了他一眼。

“那就3块行不行？就3块吧，我只有3块钱了呀。”他还不死心。

“3块钱卖了吧，就剩这一本了，大家都守在这里，你好意思吗？”同学们七嘴八舌地劝起书的主人来。

主人终于点了头。最后一本书成交！

嘿，我们班第一个鸣锣收兵。看着操场上还在叫卖的班级，我们开心地点着手中的钞票，第一次发现，原来我们竟这么能干呢！

一年一度的图书漂流活动结束了。可同学们还意犹未尽，大家都在期盼着下一次活动早日到来。

10. 开学第一课

读者发现

满怀好奇心迈进五年级的教室，今年的老师会是什么样的呢？大家相互猜测着。我紧张的心就好像系在一根线上，稍微一动便掉入万丈深渊。

铃声响了，同学们七嘴八舌的讨论声在一阵悦耳的脚步声中戛然而止。进来一位衣着普通的中年人，我的心稍微放松了些，教室里安静到连一根针掉在地上都可以听见。

老师笑眯眯地做了自我介绍，然后问大家："同学们，你们听过书、闻过书吗？"

"没有！"我在心里纳闷，老师问的是什么奇怪的问题呀。

"那好吧，现在请大家拿出课本，闭上眼睛，轻轻地闻一闻，再静静地听一听，看你们能闻到什么，听见什么。"

话音刚落，同学们便开始嘻嘻哈哈地行动起来。有的装模作样地贴着耳朵，有的故意大声地抽着鼻子。过了一会，有人开始小声议论：我什么也没听到，你听到了吗？有的遗憾地摇了摇头，有的一副善罢甘休的样子，有的还在努力地闻着、听着。我呢？捧起语文书，鼻子嗅了一嗅。可我只闻到一股纸的味道，其他什么也没有。再把耳朵靠在书上，除了教室里同学们的吵闹声外，其他什么也听不到。

"用心灵去听，去闻，你一定有收获哦。"老师那充满智慧的声音再次响起。

读者发现

我静下心来，抛开所有的噪声。果然，我闻到了书本的香味，闻到了文字的那股成熟的气息。

"我闻到香味了！"我大叫。我感觉文字的香味像炊烟一样袅袅地钻进我的脑海里。

"再听听文字对你说什么。"老师鼓励我。

"听到了文字在扯着嗓子喊道：'快来摘我呀！我成熟了。'"

"是啊，文字是一枚枚果实，只有用心的人、勤劳的人才能收获这果实。"老师微笑道："书还说了什么？"

"它说，我是一幅美丽的画卷，来吧，我带你们游历名山大川。"

"它说，我是一支动听的歌谣，快来唱我吧！"

"它说，我会告诉你一个深刻的道理……"

大家的话匣子一下打开了，一个个争先恐后地说开了。

真没想到，我摸了几年的书，才知道书竟然有香味，还会说话，多么奇妙啊！我第一次惊奇地发现，原来普通的一本书竟然藏着很多不为人知的奥妙。看来只要我们启动灵敏的大脑，善于思考，勇于探索，就可以看到文字的内心。

眼前这位看似普通的老师，原来是深藏不露啊！

瞧，这就是我的开学第一课，是不是很独特呢？

胡岩岩

江苏省淮安市城南乡中心小学

作者名片

Hello,小伙伴们,我是你们的好朋友,姓胡名岩岩也。我长相清秀:俊俏的小脸蛋配上一双宝石般闪耀的小眼睛,一头清爽的马尾辫干练大方。我生性活泼,性格外向,是个不折不扣的女汉子,也因此结交了不少知心好友。可是,本人女汉子也,却非汉子。别看我整天大大咧咧的,可实实在在是一位小女子。我爱美,我喜欢公主,我的衣服全是粉色系列,粉红色穿起来清纯可爱,粉蓝色穿起来高贵浪漫。我的兴趣广泛,跳绳、踢毽子、阅读等,数不胜数。当然,我最喜欢的还是阅读,很小的时候我就和书结下了不解之缘。听妈妈说,小时候只要我哭闹,她就读书给我听,我便会慢慢安静下来。瞧,是不是很神奇!这就是我,不一样的自我,不一样的胡岩岩!

老师荐读

1. 妹妹成长进行时

老师点拨

哈哈，告诉大家一个特大的好消息，我有亲妹妹啦！嘿嘿，其实一年之前就已经有了，因为今天要写这篇作文嘛！按捺不住心中的激动、喜悦、自豪之情，所以又要炫耀一番。今天，我就给各位讲一讲俺妹妹成长中的那些让人爆笑的趣事吧！

出生印象

瞧！这模样：小鼻子，小嘴，小眼睛，小耳朵，细眉毛，小脑袋。总共加起来，还没我巴掌大呢！因为太小了，感觉五官都挤在一块了。

一组“小”字开头的短语，虽平实却很整齐，读起来朗朗上口，更写出小妹妹的可爱。

爆笑指数：★

定格满月

时间过得真慢呀，真希望妹妹早点长大。这不，一个月终于过去了。现在的妹妹和刚出生时大不相同：长得鼻子归鼻子，眼睛归眼睛，嘴巴归嘴巴的。以前嘛，那张脸就像盘古开天辟地前的混沌世界。要是把这两张照片放在一起给你看，你看……哈哈哈……

这句写得很幽默，“那张脸就像盘古开天辟地前的混沌世界”尤其形象、有趣。

爆笑指数：★★

百日剪影

经过了一个又一个漫长的黑夜，妹妹迎来了“百露”。当我把自己小时候的百日照片和妹妹的放在一起时，发现我们两人竟有许多相似之处：同样是又大又圆的眼睛，可我是凶神恶煞的，而妹妹却是慈眉善目的；同样是又白又净的小脸儿，我是长长的，而妹妹却是圆圆的；同样是又细又长的眉毛，我弯起来如同细细的浪花，而妹妹的却仿佛翻腾的大浪；同样是小巧玲珑的鼻子，我是塌塌的，而妹妹却是挺挺的。怎么样，就从这几个地方看，是不是就能看出：不愧是俺的老妹呀！

爆笑指数：★★★

老师点拨

四个"同样"写出了我与妹妹的相同，又用对比写出了两人的不同，细致地刻画出妹妹的外貌，表达亲切自然，读起来流畅。

周岁时光

日月如梭，光阴似箭，刹那间，一年已悄无声息地过去了。这时的妹妹也已经1岁了。比起以前，现在的妹妹更加调皮、可爱，也会喊姐姐了，每当听到妹妹用她那稚嫩、甜美的嗓音，一声又一声地喊着"姐姐"的时候，我顿感心中无比激动，觉得自己这一年来对她的照顾、呵护与疼惜，以及花费在她身上的每一分钟、每一秒钟，都没有白费。

温馨指数：★★★★

两岁成长

"滴嗒，滴嗒……"钟表又无情地走过了一年，在这一年里，妹妹学到了很多，也成长了很多。现在的她，可以自己吃饭，自己睡觉，自己爬楼梯，自己……也比以前懂事、乖巧了许多，有时还会逗你笑呢！

欣慰指数：★★★★★

这就是我的妹妹，怎么样？很有趣吧？不过故事还没有停哦，因为妹妹才两岁，她还在慢慢地、慢慢地长大哦！让我们一起期待她的精彩吧！

作品简评

小作者精心选取了小妹妹成长的一组剪影，娓娓道来，饱含了小姐姐浓浓的爱护之情。文章语言丰满、文笔幽默，创造性的图标指数用于习作之中，显得精练、生动。顿时，一位在家人呵护之下幸福成长的小妹妹形象跃然纸上，让我们爱到了心里。

指导老师　杨清璇

2. 春日华尔兹

老师点拨

春日暖意融融，华尔兹柔和、舒缓，标题不仅优美，恰到好处地点明文章的主旨，更引起读者的阅读兴趣。

春日的一天，我在一家面馆吃牛肉面。面条刚上桌，进来两位外乡人，他们穿着破旧，连头上戴的帽子也很脏。那位妇女似乎还是一位盲人，戴着一副墨镜，摸索着向前走。两人找了个位置坐了下来，他们旁边的几个年轻人似乎十分厌恶他们，下意识地朝门口挪了挪。

待两人坐定后，男人招呼服务员过来，对着他小声交代了几句，服务员若有所思地点了点头，比划了一下价钱。男人迟疑地在口袋里摸了摸，好久才慢慢掏出几张皱巴巴的5元钱递给服务员，随即掉头对妻子露出淡淡的笑容，轻声道：“饿了吧，面马上就做好了。”妇女微笑着点了点头。

不一会儿，面端上来了，只不过是一碗大的、一碗小的。男人接过大碗，细心地将豆芽一颗颗捣碎，转手递给妇女，自己开始埋头吃着小碗面，还不时发出“噗嗤”声，好像这面条是天下美味，引得其他顾客诧异地张望。妇女挑起几根面条放进嘴里，咀嚼了几下忽然问：“你吃的是大碗吗？”男人听了，头也不抬，很自然地回答：“嗯，好吃吗？”仿佛这情景已经重复了千百遍。这时店里坐在一旁的小男孩嘀咕了一声："他明明吃的就是小碗面嘛……"那个男人听了，慌忙抬起头冲小男孩摇了摇手，正在吃面的妇女的脸抽搐了一下，但马上又恢复了平静。吃完面后，男人搀着妇女的手出了门，好奇的我也随着他们一起走出面馆。

"今天吃的真饱。"男人舒了口气，回味无穷地说。妇女沉默了一会儿，似乎在挣扎着什么，终于开口："你不用骗我了，我知道你吃的是小碗面！结婚这么多年了，我还不了解你吗？"说完小声抽泣起来。男人有点手足无措，忙抓起自己的衣袖为妻子擦眼泪，紧随其后的我早已热泪盈眶。

旭日东升，太阳温暖着沉睡了一个冬天的大地。迎着朝阳，夫妻俩相携的身影在我的视线中越来越远，唯有"沙沙"的脚步声徐徐在我耳边回响，宛如一曲优美的华尔兹荡涤着我微微湿润的心灵……

老师点拨

"微微湿润的心灵"，很喜欢这种描述，比我很感动更加切合当时的心境：很有感触，却无法准确用文字描述自己心里到底如何感动。

作品简评

这篇作文实际上就是我们经常写的"一件让我感动的事"，题材并不新颖，小作者的优势在于将细致的观察用细腻的文笔描述出来，并拟定了一个引人入胜的标题。尤其是文章结尾处"夫妻俩相携的身影在我的视线中越来越远，唯有'沙沙'的脚步声徐徐在我耳边回响，宛如一曲优美的华尔兹荡涤着我微微湿润的心灵……"写得十分传神，不仅起到画龙点睛的作用，更将文章固化为难忘的画面定格于读者的脑海中。

指导老师　杨清璇

作者引读

3. 胡岩岩产品说明书

产品名：胡岩岩

产地：江苏淮安

生产日期：2004 年 7 月 13 日

保质期：100 年(希望)

构件：端正的五官、聪明的大脑、四肢及其他零件。

性状及参数：本产品为有鼻子、有眼的正常女童，长度约 153 厘米，净重 35 千克。

使用方法：可以用爱心控制，如果用人民币或美元更佳，一次一枚，放学后可反复使用，周六、周日效果更佳(学习时间除外)。

功能：

1. 本产品具有开朗的性格，对偶尔患抑郁症、烦躁症的患者有明显疗效。她会自动逗您开心，方式是讲笑话、做鬼脸、表演等，包您天天开心，时时满意。

2. 快递服务。您是否嫌到处走动太累？别怕，本产品可以解除您的后顾之忧。口渴了，将水送来；嘴馋了，零食奉上……除了没钱了，她不会自动生钱，其他一切均可包揽。当然，千万不要怀疑本产品的品质，比如，独吞剩下的零食，做事偷工减料等。本产品绝无不良嗜好。当然，给点小奖励可以得到更加优质的服务。

不足：本产品偶尔会帮倒忙，如摔破碗，送错东西，煮饭没煮熟……

注意事项：

1. 为保证本产品更好地为您服务，请仔细阅读《胡岩岩产品说明书》。

作者自悟

像所有画家一样，我一直想“画”一幅自画像。偶然一次阅读药品说明书的机会，让我突发奇想，以说明书的方式介绍自己是不是更加真实、准确呢？

产品说明书都比较客观真实，但读起来不是那么有趣，所以我写的时候就稍微改变了一下。要知道，幽默可是我的专长呢！

2. 请尽量不要伤害本产品的自尊心，否则会伤及重要部件——脑。

3. 请尽量在有爱的环境下使用，否则会伤及发动机——心。

4. 请不要让本产品过度劳累，否则会伤及重要元件——四肢。

5. 请勿倒置。

温馨提示：因金融危机的影响，本产品已降价至10000亿美元（出厂者可免费使用），请火速订购！订购热线：01081977234。

作品简评

这可是我自己比较满意的一篇作文呢！把自我介绍写成产品说明书，我绝对是本班第一人，连老师都夸我很有创意。而且，写完之后，我还发现这种写法不仅可以非常客观地评价自己，而且还能作为名片交到很多新朋友呢！

4. 金陵一日游

南京，又称金陵。

新春佳节，舅舅一家邀我们去南京游玩。一路上，我和表妹又是唱歌，又是“叽叽喳喳”说个不停，特别兴奋！虽然汽车开得很快，但我还是嫌慢，真想插上翅膀飞到那里。

终于到了南京，我们直奔第一站——夫子庙。来到夫子庙，虽然已是傍晚，但人山人海、灯火辉煌，令我眼花缭乱。我东瞧瞧，西望望，看到什么都很新奇。妈妈也很高兴，拉着我逛逛这儿，逛逛那儿。我们来到一

作者自悟

作文题目原为“游南京”，后来老师给我读了谢朓的诗句“江南佳丽地，金陵帝王州”，总觉得金陵比南京显得有古意，改了感觉还挺好的。

棵幸运树下，我买了一条写着“学有所成”的幸运带，用劲向树上抛去。一阵风吹过，幸运带掉了下来，我不甘心，捡起来卯足劲一跃而起，使劲一扔。哈！中了！我的幸运带高高地挂在了幸运树上。我想，学习就像扔幸运带一样，要有永不放弃的精神，著名数学家华罗庚说过：勤能补拙是良训，一分辛苦一分才。我以后遇到困难也绝不放弃，坚持到最后，相信一定会取得好成绩。我们看着这美景，赶紧拍照做留念。

第二天，我们来到总统府，也是南京之行的第二站。总统府很大，像个迷宫，走进去几乎绕不出来。我们还发现了一个密道，又小又隐蔽，只能容纳一个人单独行走。走出来，上面是一个美丽的花园。总统府的办公房子也很有意义，听讲解员介绍：有很多著名人物都曾经在这里办公或生活，做出不少重大的决策，发生了很多重大的事件。我看着图片资料，听着讲解员的讲述，思绪不禁飘到了遥远的上世纪……

短暂的南京之旅即将结束，可我意犹未尽。我观赏了美景，增长了见识，收获真不少。再见了，夫子庙；再见了，总统府；再见了，金陵……我满怀憧憬，期待着下一次的旅程！

作者自悟

总统府这段是我写的不太满意的部分，总觉得像记流水账，但是也没有别的办法，暂且这样写吧！老师推荐我去看看名家的游记，说不定看完后会有新的想法呢！

作品简评

我们每年都参加春游活动，也因此经常写游记，老师总说我们写的游记像记流水账，抓不住文章的重点。但是，什么是重点呢？我一直在想，可能是我最喜欢的地方，或者是最美、最好玩的地方吧。因此，我选了最热闹的夫子庙作为本文重点描述的部分。不过，文章的结尾我还是不太满意，总觉得不够点题。朋友们，帮我提提建议吧！

作者自悟

5. 岩岩，你能行！

亲爱的岩岩：

你好！

这是我第一次给你写信！岩岩，我想对你说。其实，你不比别人差。瞧！小学这五年，你年年被评为“三好学生”，有两篇作文还在报纸上发表了；成绩吧，也还不错！可是你为什么会这么——这么——的胆小呢？

想想在学校里，每当上课时，不敢举手回答问题的同学中，准有你一个。只要老师一提问题，你就会条件反射似的胆战心惊。如果你不会，你更是把头低得深深的；有时，即使会做这一题，你也不是自信地把手举得高高的，而是小心翼翼地举起，甚至举了又放，放了又举，心里不停地念叨：千万别叫我，千万别叫我……偶尔，老师叫到了你，虽然答对了，声音却小得可怜，脸紧张得像一团燃烧的火焰，烫得不得了。这时，老师就会挥挥手，示意你坐下来……像这样的事情，在你身上真是不胜枚举。

你不但在课堂上很胆小，在家里，你就更胆小了。

记得一天晚上，临睡觉之前，妈妈让你去拿茶杯。因为是冬天，你跌跌撞撞，抹黑跑到客厅，好不容易拿到了茶杯，便像见鬼似的马上返回。突然，你的脚碰到了一个又滑又细又长的东西，你以为是蛇，立刻被吓得魂不附体。从此，你在家便得了一个“雅号”——胆小鬼。

今天，我给你写信，就是希望你每天起床后都能读一读它，希望你每天对着镜子说：“岩岩，你能行！”

加油！我相信你！

《论语》中说：吾日三省吾身。适当的自我反省是非常重要的，这是我第一次给自己写信，其实就是“自省吾身”。我想用这封信提醒自己克服缺点，增强自信心。

“岩岩，你能行！”我特别喜欢对自己说这句话。它能让我克服胆怯，变得坚强、勇敢。

祝：早日克服胆小的缺点！

另一个你

2015年7月1日

作品简评

今天，老师夸我说：“与经典对话，可以让自己变得优秀；而与自我对话，可以让自己变得智慧。”虽然，我并不能完全理解这句话的含义，但我明白这是老师对我的肯定。我也觉得以书信的形式写给自己，比用反思的形式好多了，自己也容易接受。

读者评读

6. 摆摊记

读者发现

妈妈常说我没赚过钱，不懂得珍惜别人的劳动。哼！我才不是呢，我要让她知道我也会赚钱。可是，该怎么赚钱呢？嘿，摆摊，这个主意不错！

说干就干，我立马把爸爸刚从水里摘来的蒲儿菜掰干净，然后，放在水里，等待顾客的到来。

甜——正当我等待顾客时，一位阿姨走过来，看我卖的蒲儿菜是刚从水里摘回来的，还鲜嫩得很，便高兴地买了一斤半。我激动地从阿姨手中接过她递过来的1.5元钱。每当成交一笔生意时，一股自豪之情情不自禁地从心底萌生而出！

酸——我在摊边坐着，一边掰蒲儿菜，一边守着摊子。一直有人来买，我就得一直掰。掰蒲菜这活儿可不简单，蒲儿菜的皮虽然不厚，却很硬，硬得足以把你

读者发现

的手给划破。唉！为此我的手不知被划了多少下，流了多少血。当看到娇嫩的手被划成这样时，我的心里酸溜溜的！

苦——守摊的过程中，有时我望着别人的摊位前人来人往，而我的摊前却门可罗雀。每当这时，我心中难免苦滋滋的！

辣——正卖的起劲时，一位阿姨走过来，用一种鄙夷的眼光望着我，还对旁边的人说："你说这孩子，不在家好好学习，跑出来卖什么东西？家长真不负责任。"她的话音刚落，旁边的人对我指指点点、议论纷纷，弄得我的脸又红又烫，火辣辣的！

摆摊让我感受到了打工赚钱的不易，也懂得了要珍惜每一分钱，因为这都是爸爸、妈妈靠自己辛勤劳动赚来的，来之不易呀！

7. 千年古城依水居

读者发现

河清海晏，淮水安澜，一条蜿蜒的运河陪伴着古城千年的时光。淮安便坐落于古老的运河之畔。它是运河之都、历史文化名城，更是江苏南北交通的枢纽。

水，让古城的景更秀丽。钵池山的枫叶如一只只翩翩起舞的蝴蝶在空中飘来飘去，重新回到大地母亲的怀抱中；桃花坞的溪流清澈见底，调皮的游鱼快乐地追逐嬉戏，好像在说"欢迎你的到来"；清晏园的银杏展开一把把乳黄色的小伞，在漫天的花雨中传递着秋的信息；恩来故里的海棠绽放着洁白的花瓣，沉淀着千古伟人的情怀；驸马巷的青砖，韩侯祠的古井，承恩故居的发黄宣纸……无一不诉说着古城千年的沧桑与辉煌。

读者发现

水，让古城的味更浓郁。开洋蒲菜、蟹粉狮子头、淮安茶馓、软兜长鱼、平桥豆腐、文楼蟹黄汤包、钦工肉圆……淮扬美食声名远扬。茶馓是用面油炸出来的，刚出锅清脆可口，泡在汤里松软绵香，吃起来真叫一个“爽”！平桥豆腐白嫩细滑，加上佐料，香飘四溢，闻起来垂涎三尺，吃起来更是一种享受。其中我最爱的是高沟捆蹄，拿起一片细细端详，每片捆蹄肉外，都紧紧地包裹着一层透明的肉皮。拿起一片放在嘴中，细细品尝。皮富有弹性，肉瘦而不柴，保你百吃不厌，回味无穷！

水，让古城的人更有活力。大运河文化广场，唤醒了古城的一日，也伴着古城沉入梦乡。清晨，伴着曙光晨练的古城人，跑步的活力四射，打太极的悠闲自在，骑车的飞速前行，还有些淮剧爱好者在悠扬的二胡声中“咿咿呀呀”，不知在唱些什么。夜幕降临，广场上更加热闹非凡，比清晨增添了许多色彩：璀璨闪烁的沿河风光带，花花绿绿的广场舞大妈，五光十色的各种游艺设施，还有一圈一圈的小小淮剧场……让古城涌动着青春的活力。

千年古城，依水而居；古城水韵，蜿蜒流淌。

8. 踏着英雄的足迹前进

——读《巾帼英雄赵一曼》有感

读者发现

中国，一个有着五千年历史文化的古老国度，在抗日战争的岁月里，涌现出千千万万的爱国英雄，他们的爱国事迹让我们深深感动。

在课外书上，我偶然读到一篇文章——《巾帼英雄赵一曼》，读后心中涌动着一股难以言表的激动之情。

抗战期间，赵一曼担任东北抗日联军第三军第二团政治委员。在一次战斗中，她不幸被捕。凶恶的敌人妄想从赵一曼口中得知抗日联军的所在地，但赵一曼镇定自若，宁死不屈，敌人暴跳如雷。赵一曼忍受了一次又一次酷刑的摧残，她的右膀被砍断了，戴上几斤重的铁镣，但她从不曾屈服和动摇过。1936 年 8 月 2 日，巾帼英雄赵一曼永远离开了我们，牺牲时年仅 31 岁。

赵一曼，这个光辉的名字永远烙在我的心中。她为了民族的解放事业甘愿抛头颅、洒热血，充分体现了一个中华儿女的爱国情怀。

赵一曼舍己为人的精神也值得我们学习。据说，她有一个儿子，但为了革命事业，她把儿子托给亲人抚养。她常常思念儿子，但为了人民，她甘愿舍小家、顾大家。现在的我们不需要舍己为人，只要在小节上多为别人着想，人与人之间就会充满爱。赵一曼的一生是短暂而辉煌的，她自幼追求真理、追求进步，不断探索、不断前进，把自己的一生都献给中华民族的解放事业，她以自己的行动树起了一座历史丰碑！

赵一曼以自己的精神谱写了一曲生命的赞歌，她为国为民的献身精神，正是我们应该发扬光大的民族精神，她的英雄事迹感染着世人。斯者已逝，但她生命的芳香依旧弥散。

9. 雪儿雪儿，你是谁

雪儿雪儿，
你是谁——
你是位天使。
飞过原野，

读者发现

给大地披上一件白袍；
落在枝头，
为枯枝点缀朵朵银花。

雪儿雪儿，
你是谁——
你是个画家。
飘进草丛，
给暗黄增添点点亮丽的晶莹；
探上屋顶，
为冷灰涂满一片铺天的雪白。

雪儿雪儿，
你是谁——
你是顽皮的孩子。
奔跑在河面，
轻轻叩响鱼儿的窗棂；
躲藏于山洞，
猛地唤醒沉睡的大熊。

雪儿雪儿，
你是谁——
你是洁白小精灵。
挥舞手中的魔法棒，
跳起冬日的圆圈舞，
为我们展示一幅壮丽的——
冰天雪地！

读者发现

10. “明星”在我家

在大多数人眼里，想要当上一名万人瞩目的明星，那简直比登天还难，可你曾想过，明星就在我们身边。

勤劳星——万能老妈

“啊——啊——夜夜想起妈妈的话，闪闪的泪光鲁冰花……”一听到这歌声，我就知道勤劳星妈妈又在一边唱歌，一边做家务，扫地、洗衣服、做饭……样样都行。每次妈妈干活儿时，不知身上哪来的一股开心劲，在那儿又唱又跳的。记得有一次，妈妈又在一边扫地，一边唱歌。开始的时候，她还是一边扫地一边舒缓地演唱。突然，她兴奋起来，一把举起扫把，将扫把当成吉他：左手拿着“吉他”头，右手拨着“吉他”弦，这样还不算，脚上还跳起了舞蹈，那高兴劲、投入劲，简直没法形容。虽然妈妈这么痴迷于唱歌，但她从来不会因为唱歌而耽误了做事。妈妈有一手绝活，一大团面只要到她手里，立马变成了一张张厚薄适中的饺皮，再包上调好的肉馅，将边缘捏好，一只只小花饺便出现了。哇，真让人赞不绝口！

可爱星——雪岩 baby

“姐姐，给我一点呗！给我一点呗！”每当吃东西时，我那调皮、可爱的妹妹总会以光速奔来，然后将两手握拳放在下巴下，一双水灵灵的大眼睛还不时地上下忽闪着，然后反复说那句经典台词：“姐姐姐姐，给我一点呗！给我一点呗！”这时的你，肯定会被她那股可爱劲给逗乐的，随手给她一点，她立刻高高兴兴地躲到一边吃去了。唉！真让人受不了啊！

伙伴们，你家里是不是也藏着这样的明星呢！她可是在等着你去发现哦！

邓嘉晟

江苏省淮安市清浦小学

作者名片

我是一个自信、乐观的阳光男孩。我的爱好比较广泛，如读书、运动、听音乐、下围棋……其中，我尤其喜欢阅读，正所谓：“腹有诗书气自华，最是书香能致远。”别看我年纪小，但像《红楼梦》《儒林外史》这样大部头的书我也有所涉猎，而且一看就爱不释手，说我是一个十足的“小书迷”这一点儿也不假！除了阅读，我还喜欢写写诗歌、小说和散文，并多次在各种征文比赛中获得一、二等奖。上六年级后，老师让我们每天坚持写日记，我利用写日记的时间创编了两部科幻小说，小说还得到了老师和同学们的好评呢！上小学的这几年，我年年被评为校“三好学生”，并多次被评为区“三好学生”、“优秀学干”。要问我最大的愿望是什么？我会毫不犹豫地告诉你：写一本真正属于自己的书。相信通过努力，我的这个愿望一定会实现！

老师荐读

1.“文人”的故事

“本文人,乃有文化之人……”

“本文人,我的学问可不是吹的……”

说这话的人正是我们班的“超级自恋狂”,他一天到晚称自己是“文人”,他的口头禅就是:“本文人,我……”这句话我听得耳朵都起老茧了,可他还不罢休,继续说他的。

> **老师点拨**
>
> 俗话说“未见其人,先闻其声”,文章开头用人物语言导入,很新颖、有趣,一下子就将读者带入了文字所描绘的情境之中。

这天,我刚到学校,他又开始在我耳边念叨开了:“本文人,我文武双全,你看我语文、数学、英语都那么好,才可以称得上‘文人’,‘文人’乃有文化之人……”

我听了有些不耐烦,小声说:“再好,你有倪杰好?”

他好似有顺风耳,听到了这句话,反驳道:“我虽然没有倪杰好,但本人也还是个文人啊!”

又是文人,我忍无可忍了:“如果你是文人,那我就是数学天才了。”

他也不甘示弱:“要不,我们来场比赛,我输了以后就叫你‘数学天才’,你输了以后就叫我‘文人’,每人只许出一题。”

> “念叨开了”、“反驳道”、“不甘示弱”、“眼珠一转,计上心来”等提示语,让语言描写变得丰富多样。

“奉陪!”我当即答道。

他先出题:“请说出一句关于荔枝的诗句。”

小儿科,“一骑红尘妃子笑,无人知是荔枝来”。

只见他像只斗败的公鸡垂下了头。

该我了,我眼珠一转,计上心来:“请问 1 公顷等于多少平方毫米?5 秒钟回答。”

“这个,这个……”他“这个”了半天,也没有“这个”出来。

“哈！我赢了！你以后要叫我‘数学天才’！”

“好吧，‘数学天才’。”他有气无力地回答。

你想知道这个“文人”是谁吗？哈哈，他就是我的同桌——高文！

老师点拨

文章前面花了很多笔墨描写人物，这个人到底是谁？作者卖了一个关子，直到结尾才写清楚所写人物的身份，这样写，给人豁然开朗的感觉。

作品简评

文章的好坏不在长短，关键要能打动人。这篇文章颇有情趣，作者撷取了课间生活中与同桌的一个小场景来细致描摹，可谓以小见大。在描写方面最大的亮点是抓住语言来表现人物的特点。而在写人物语言时，作者善于运用不同的提示语把人物的神态、心理等一一展现出来，这样的语言充满了张力，给人以深刻的印象。

指导老师　张益涛

2. 命运靠自己把握

——“波西·杰克逊系列”读后感

老师点拨

开篇以一句名言引入所读的书，显得自然、贴切。

“读一本好书就是在和高尚的人谈话。”是的，好书就像一位无声的老师，能让你获得很多感悟，而“波西·杰克逊系列”就是这样让我着迷的好书！

这一系列书讲述了21世纪的希腊神祇世界：美妙、可怕、现实而疯狂。波西本来是个普通的中学生，但阿勒克图的突然到来打乱了他的生活，从此，每次寒暑假，作为海神之子的波西都要进行一次生死考验。最终，克洛诺斯的阴谋被波西、卢克和安娜贝丝粉碎，但芮秋的第一个大预言“七子传说”也开始悄悄地出现了……

在这系列书中，我倒是喜欢“二克”——尼克和卢克，因为他们都有一种“杨过”的悲凉。尼克本来是个10岁的天真孩子，但唯一的亲人——姐姐死后却使他感到世事变迁无常，险些遗传了哈迪斯的精神分裂症；他又遭到了父亲的背叛，变得犀利而狂乱；他既是天才也是疯子，虽然与波西冰释前嫌，却再也无法使他变回那个天真的孩子。

而我真正惋惜的是卢克。卢克是一个真正的伟大的英雄，却被命运捉弄成背叛者。他的母亲叫梅，父亲是神使赫尔墨斯，梅因哈迪斯的诅咒而疯狂。卢克受不了母亲的疯狂，毅然离家出走，多年后回家时见到了父亲，他因父亲不愿说出自己的命运而不满，不再信任诸神，投靠了泰坦。可每次见到安娜贝丝却又不禁想起他俩与塔利亚的友谊，总想与她们团聚，却又一步一步与她们远去……命运必须要遵守誓言，卢克却违背了誓言，在神殿的那一刻，安娜贝丝是痛苦的，因为她要杀死自己的义兄，而卢克是幸福的，以为他被自己最爱的人杀死。在生死离别的那一刻，波西、格洛弗、塔利亚都成了旁观者，预言实现了：英雄的生命将被邪恶的刀刃摧毁。“邪恶的刀刃”——是卢克亲手赠与安娜贝丝的那把青铜匕首，而他违背了誓言，这信物自然……邪恶了。

其实，在这本书中，最让我感兴趣的还是对命运的看法。英雄的命运为何无法改变？这引起了我的深深思索。的确，命运女神喜欢捉弄人，卢克一生有无数次机会可以被挽救，如果梅不试图看到更多，如果赫尔墨斯告诉卢克的命运，如果安娜贝丝接受卢克，他的一切将改变，甚至不只是英雄。我不希望命运被注定，没有改变的机会。我现在只是个学生，难道我将来的命运也早已被命运女神“定格”了么？不，肯定不会的。我不禁大胆猜想起来：假如我是个贪玩的孩子，学习

老师点拨

好的读后感善于“引”。这里对“二克”的“引”没有简单地摘抄原文，而是融入了作者的认识和评价。对这两人命运的分析，正是为下文书作者对命运的感悟做好铺垫。

由英雄的命运联想到自己对命运的思考，这样的体会很深刻，提升了感悟的内涵。

不用功,将来我就是个平庸者;假如我现在勤奋努力,将来我就是一个优秀的人才……很显然,我是庸才还是人才,并非命运早就安排好的,这取决于我自己,也就是说,命运掌握在自己的手中。

是的,命运掌握在自己手中,命运靠自己把握。

老师点拨

结尾总结全文,突出中心,让人清晰明了作者想要表达的思想。

作品简评

“好文题一半”,读后感亦是如此。好的读后感,往往把重点放在“感”上,一边引述书中的精彩情节,一边将自己的感悟娓娓道来, 这一点小作者做得非常好。“我倒是喜欢‘二克’”、“而我真正惋惜的是卢克”这两句话分别是两个自然段的第一句话,不但写出了自己对书中主要人物的认识和态度,而且在表达上起到了总领概括的作用,可谓“一箭双雕”。更为重要的是,小作者从这书中获得了重要的人生感悟——对命运的看法。这个感悟,小作者结合自己的生活实际,通过对比想象, 提出了自己的认识——命运靠自己把握。从整篇文章来看,小作者把自己的感悟写得深刻、到位。

指导老师　张益涛

作者引读

3.月不落

月,是迷人的,是专权的,也是“危险”的。

城市的夏夜很少能见到几颗星星了,即便晴空万里, 光污染也用一张隐形却又有色的布遮住了天空。

星星偶尔可以从朦胧迷离的布的一点小缝隙溜出来，但不久又被拉了回去，溜出拉回，溜出拉回，如此循环……不过，让夜还不算枯燥的，还有那冷艳的夜的女王——月亮。

今晚的月不算圆，若是以前，必然有无数星星向她膜拜，可惜现在了无人烟。

幸好月虽专权，却并不在乎别人对她银制王冠的漠视，只是披着夜色，缓缓走向黎明。

但月的性情让人捉摸不透。这一天，她在我的屋檐下憩留，仿佛在监视着我，向我表达一些无声的语言；可后一天，她就站在穹顶之上傲娇地看着大地。夜是她的主场，而被她阴冷的光照射的幽暗的大地成了她的子民。

她时而出现在树梢之下，如同银色的果实；她时而傲立于山崖之巅，与悬崖构成了一道完美的轮廓；她时而焕发出银白的强光，使人痴迷，忘记了她的实态，人眼中的她融化了，她也把人的心融化了；她时而透出苍黄，故意显出病态，当人定睛去看她时，却发现她的病态之后是多么冷酷无情而强大；她时而面带绯红，宛如擦上了胭脂，娇柔妩媚，令人总不知不觉地望向她——月是陷阱，温柔而危险的陷阱，令人失眠的陷阱。

我不敢再看月，古人到底有多大的勇气，写出“月中霜里斗婵娟”这样的佳句？

时间在流逝，月渐渐隐匿了她的踪迹。

不，月不落，她在我面前的消失仅仅为了别人的夜。

哦，月终究不会落！

作者自悟

那天赏月，“迷人”、“专权”和“危险”这三个词忽然蹦入了我的脑海，我觉得这三个词是那时候月亮在我心目中的“形象”。

“膜拜”、“憩留”、“傲娇”运用拟人手法，把月写得形象、生动，用词较为准确。

引用古人的佳句来反衬自己的感受，简洁有力！

作品简评

一直以来，有尝试写篇让自己满意的散文的想法，可总不能如愿。后来仔细想想，写文章是不是也要等待时机，就像一位名人说的"文章本天成，妙手偶得之"那样？这篇散文正是在这样的机缘巧合中完成的。那是暑假里的一天夜晚，无意中抬头瞧见窗口的那轮明月，那月光温柔、皎洁，忽然勾起了我写月的欲望，于是下笔成文。自己读来，还有些满意，呵呵，至于别人怎么看，还请大家多多"拍砖"！

4. 一对好兄弟

霜和雪，是一对好兄弟
霜是兄，雪是弟
哥俩一前一后
来人间嬉戏

霜呀，有些叛逆
最先来到大地
用神奇的魔力
告诉大家冬天来临的消息

雪呀，乖巧伶俐
总不肯离开冬爷爷的怀里
冬爷爷慈祥又严厉
雪只有不舍地别离

霜在人间玩腻
他想起雪

作者自悟

霜和雪是一对好兄弟，我觉得这样的想象比较合理、有趣。

"玩腻"、"发短信"把霜写得栩栩如生，读来感觉真的很好玩呢。

给雪发了条短信
你何时来,兄弟

雪看霜在嬉戏
不禁手痒哩
不再害羞,不再文静
也想像霜那样淘气

雪终于光临
它的舞姿不是十分美丽
霜十分高兴
华尔兹已经跳起

雪看了赞叹不已
开始制作冬爷爷的大棉衣
白雪皑皑哪有一点缝隙
雪的造诣也不比霜低

冬天不知不觉结束哩
两孩子却想留在大地
春姑娘挟着风来到这里
冬爷爷只好托她送回孩子哩

春姑娘动用无边法力
太阳逐渐更加有力
两人正洋洋得意
回家之日其实已来临

太阳越来越强劲
霜感到吃力

作者自悟

当时我把"雪"、"霜"想成自己和小伙伴,"不禁"这种拟人化的词就自然而然蹦出来了,感觉很能表达自己想法。看来,把物体拟人化是写作中不可或缺的方法哦。

措手不及
融化无踪迹

雪看了很着急
太阳还是不留情
雪再无力气
也无影无踪哩

哈哈，全剩水
蒸发掉也都是水蒸汽
霜和雪
真是对好兄弟

作者自悟

本是很普通的霜、雪融化现象，这里写得颇有情趣！

首尾呼应，再次点题，让这首小诗结构更完整。

作品简评

霜与雪，冰冷世界里的一对兄弟，他们随着寒风而来，在我心中造就了一幅幅秋冬里的美妙画卷。尝试写诗，虽不懂语言技巧，难免有冗长之嫌，但即兴、尽兴用诗把自己的真实感受写出来，让人颇为痛快。

5. 班溪漂流记

暑假期间，我陪表姐去宁波参加她的同学聚会。到宁波第二天的午饭后，十几位大哥哥大姐姐们便驱车赶往溪口镇岩头古村，到班溪上体验一次漂流。

因为是第一次体验漂流，我很兴奋，迅速换上救生衣，快步爬上山，疾步来到漂流起点，迫不及待地跳上漂流艇。

小艇刚离开岸边，便被湍急的溪流冲向下游。只见不太宽的溪流中分布着许多石头，小艇左冲右撞，坐在

作者自悟

“兴奋”、“迅速”、“快步”、“迫不及待”等词写出了我当时急切的心情。

上面既感觉像是在坐滑梯，又感觉像是在坐碰碰车，吓得我紧紧地抓住扶手，生怕一不小心掉入溪流中。

漂流艇冲下几级水的台阶，终于来到一片水面较为开阔、溪流较为平缓的地段，我那绷紧的神经这才渐渐地松弛下来。我静静地看向溪流两岸，只见两岸一片片的竹林，青翠欲滴，山风吹着竹叶，发出“沙”、“沙”、“沙”的声音，不时有几只小鸟欢叫着飞入竹林。在竹林的边上，绿树的浓荫下，分布着几所民居，粉墙黛瓦，屋前小桥流水，水中鸭子在嬉戏……简直是一幅现实版的《富春山居图》。

正当我陶醉于美景时，突然，一股股细水柱直冲我的脸庞，原来是几位调皮的大哥哥率先用水枪发起攻击了，我和表姐拿起事先准备好的水枪、水炮匆忙应战。有的人干脆操起船桨，拍起宽大的水柱实施攻击，水面上顿时陷入一场混战。

溪流上的嬉闹声看来惊扰了岸边竹林中的鸟儿们，它们扑打着翅膀飞出竹林，不时地从我们的头顶飞过，“啾”、“啾”、“啾”地叫着，似乎是在嗔怪我们——吵死了！吵死了！快离开！快离开！

激战正酣时，漂流艇不知不觉漂到了又一处急流险滩。发现险情，几位大哥哥由“调皮鬼”瞬间变成了“英雄汉”，只见他们神情严肃，手握船桨，拼命划水，与急流、旋涡斗智斗勇，尽力保持小艇平稳。在他们的努力下，几只小艇冲过急流险滩，安全到达漂流的终点。

站在岸边，我回望整个班溪，清澈的溪水时急时缓地流淌着，一只只小艇漂流而下，水面上传来阵阵欢声笑语……班溪优美的环境，让人们与大自然如此亲近，在这样的境界里，人的整个身心、灵魂仿佛也被净化了。

嗬，班溪漂流，不虚此行！

作者自悟

老师说：“游记写作，要注意顺序。”写作时，我努力用“刚离开岸边”、“来到开阔平缓地段”、“漂到又一处急流险滩”、“站在岸边”这些词组来凸显这一点。

“所见”、“所闻”是游记的外在，“所感”是游记的灵魂。这次漂流让我对自然之美、人与自然和谐相处有了全新的认识。

作品简评

旅游常会让人有不同寻常的体验。在班溪漂流，人与自然完美融合，充满诗情画意，给我视觉、听觉、触觉上的享受。写这篇游记，我总感觉我是在画画，不过却是用文字来描绘的哦。

读者评读

6. 猪八戒当校长

读者发现

话说唐僧、孙悟空一行四人经过千难万险从西天取得真经回来，在长安城引起了不小的轰动。大伙儿对他们的成功十分羡慕，也想从他们那里获得去西天取经的经验，提议办一所取经学校。但是选谁当校长好呢？唐太宗对此十分苦恼，便找来教育局局长唐三藏询问。

唐僧沉思片刻，对唐太宗说：“陛下，我已有职，不便再当校长。悟空整天云游四方，以他那猴脾气，当校长可要把他闷死了。沙僧勤劳诚恳，可惜不善言辞，盖房子之类挺在行，但当校长可难为他了。玉龙三太子这小家伙，取经路上也只是一匹马，不可用之。那只有八戒了。”

于是，唐太宗任命八戒为校长，老猪当净坛使者也腻了，便欣然接受。

举行开学典礼这天，在长安万千书生、武生的热烈掌声中，猪校长满怀激情，充满自信地走上讲台……

“嗯咳！”猪校长一望台下——除沙僧外，取经四人组其他人都没有参加，沙僧是建学校的，所以他才来的。八戒心中暗喜，不料身后四个副校长低声提醒道："皇上和唐师傅在看着直播呢！"

猪校长打了一个"噤"——唐三藏正和唐太宗坐在大明宫内，边侃侃而谈边看开学典礼直播。猪校长耸耸肩：无所谓，只要猴哥不在就行。他这想法大错特错了：坐在最外面玉树临风的英俊武生眼中闪过一丝狡黠——齐天大圣小跟班玉龙三太子在此。

再说猪校长在讲台上翻箱倒柜找演讲稿，最后怒道："哪里有演讲稿？"台下一阵哄笑，猪校长身后不就是"即兴演讲"四个大字？只是他在灵山光知道吃喝玩乐，原先认的字都忘了。

玉龙三太子看不下去了，元神出窍，翻江倒海，搅得西海龙宫也有些颤动。为何小龙要在老家大显神通？其实大圣早料到八戒当校长肯定没啥好事，就在今天去小龙老爸敖闰家做客时，特意让玉龙三太子前往八戒演讲的地方去探听情况。大圣一见西海水势非常，知道小龙报讯了，叫道："住住住！俺来也！"说罢一个筋斗翻进长安，小龙也魂归本身。

这时，猪校长已颠三倒四地开始演讲了："这个……我们师徒四人西天取经，一路逢妖必除，无坚不摧，当然了，我的功劳最大，否则这校长我能干吗？"

大圣在云端上可听得清清楚楚，真是又好气又好笑：你这家伙好生惫懒，还说功劳最大？看我不好好整你一番！

说罢，大圣摇身变作嫦娥都望尘莫及的大美女，热辣地走进了听讲区。刚好猪校长说："那大师兄尽会打……"一见美女驾到，不禁心醉神迷："美女……"

众人尽皆骇然，大圣大怒：你这野猪，说话那么不识抬举，看讲完了我怎么收拾你！转念一想：哼，先让我给你泼一盆冷水！于是她（他）坐到玉龙三太子身旁，朝他大抛媚眼，小龙自然会意，两人“含情脉脉”地相视，猪校长脸色大变，声音立刻衰沉了许多。

大圣和小龙相视一笑：这个蠢货！大圣一见讲台上有些书，正好猪校长谈到了吃：“我们也要吃得多才能打妖精，对不对？最好吃到像我这样……”大圣手一挥，书变成了馒头。猪校长一见馒头，抓起来就吃……“呸呸！怎么一股书墨味？”

大圣实在忍无可忍了，一个筋斗跳到猪校长面前，显出真身，抽出金箍棒，大喝：“你这呆子！不但好吃懒做，还贪功好色，你要当了校长，岂不害人？来，吃我二十棒！”……

第二天《长安日报》的头条广为传播：“猪校长撤职，唐局长兼任校长。”

7. 心　愿

愿望不大
很渺小
就像天上的星辰
想摸又摸不到
只是想
实现该多好

“爆竹声中一岁除”，2014 悄悄地走了，2015 则迈着轻盈的步伐映入我们的眼帘，人们在鞭炮声中许下美好的愿望。而我的愿望就是买整部的《波西·杰克逊》。

要问我为什么许这个心愿，还得从那次说起。

以前读《哈利·波特》，我是不可一日不读，总共七部书被我翻得破烂不堪，真可谓“韦编三绝”！但是魔法世界的视角并不广阔：霍格沃茨、古灵阁，还有那些魔法师的住屋，我越看越无味，总是在一个地方发生的事情，再新颖也没有第一次好看。

一天，我浏览腾讯网，"腾讯儿童"里有个故事吧，我怀着鉴赏的心情点击进入，而日后我的最爱——《波西·杰克逊》已在等着我。

"咦？这是什么？"我好奇地看着一幅插画——一个少年手持利剑，脚下是滔滔大海，在夜色的笼罩下阴森可怖，而少年竟并未沉入大海。大海在他的控制下波涛汹涌，天空雷电轰鸣，远处是一座现代化的城市。(这是"波西杰克逊奥林匹斯系列"的第一部《神火之盗》封面。)

利剑不是古代的东东吗？T恤、大桥和城市好像是现代的哦。我看着这个"穿越性"的封皮，好奇万分，迫不及待地点入观看。

太精彩了！现代的初中生波西，竟然是希腊传说中波塞冬的儿子；酒神狄奥尼索斯，竟然在混血营里玩电子游戏，同学格洛弗竟是半羊人赛特；而半马人喀戎竟变成了坐轮椅的老师……太多太多的不可能在这本书里竟都变成了事实，否则帝国大厦500层怎么就是奥林匹斯山？

看着这极具诱惑力的封面，我迫不及待地想一睹这套书的"芳容"，于是我飞一般地来到妈妈面前，向老妈恳求买下这套书，却被老妈无情地拒绝了，没办法，谁叫全册300元啊？

我的心愿可能实现不了，这个心愿不能指望父母，不能指望红包，我只能好好学习，才能实现！

读者发现

8. 考场变奏曲

考试这一天终于来到了，一切准备就绪，各位乐手——考生们，已迫不及待，考场变奏曲一触即发——

前奏：练习曲

来到学校，时间已经不早，老师眼看考试将至，觉得“临阵磨枪，不光也亮”，最后出了几题。一阵“上厕所潮流”后，我们回到教室奋笔疾书，做最后的考前训练。愈写愈疾，愈写愈烈，然而在乐曲完全进入高潮时，一切戛然而止，仿佛从来没有发生过——监考老师入场！

最初：进行曲

指挥员（监考老师）已然就位，棒一挥，考卷“从天而降”。乍一看，似难而又有似曾相识之感，不难又不知其解如何写出，乐曲便在此懵懂中诞生。做题开始，音符有高有低，跌宕起伏：有的眉头紧皱，冥思苦想；有的神情自若，成竹在胸；有的大笔一挥，舞文弄墨……

高潮：疯狂爵士乐

考试即将过半！！进行曲急转直上，终极隘口——作文堵在面前，为了通过这关键的“一线天”，大脑被逼开始运转加速，逐渐超越极限，热血不断沸腾，思维不断创新——疯狂爵士乐降临！！！每一个音符、每一次按键皆在脑中爆炸，无比疯狂，渐渐迸出思想的火花，文思如泉涌，笔走如飞驰——快者即将完毕，慢者则仍在奋笔疾书，尽情驰骋神思妙笔，爵士乐仍在疯狂！颠覆！爆炸！直至结束！

读者发现

收敛:狂想曲

爵士乐伴随着我们的钢笔,一直到作文结束。爆炸音渐渐退去,但野性未改,思想仍在继续——有的人已经检查完试卷,幻想着自己的成绩如何、结果怎样;有的人刚刚写好作文,如释重负般地长舒了一口气;有的人作文尚未完成,咬着笔杆仍在做最后的苦思冥想;有的人绞尽脑汁,却依旧停留在阅读阶段。狂想曲结合这四类人群的不同旋律,创作出流畅而急促的音乐,创造出大脑想象中的画面,让人沉醉,不知不觉步入最后关头……

结尾:圣歌与夜曲

倒计时10分钟!5分钟!1分钟!……声音突然产生几股爆炸,"指挥员"的倒计时手势不停地出现。狂想曲完全消失,代替的是虔诚的祈祷和抓狂的加速,爆炸音与《圣母颂》交替出现。时间到!排头开始朝后收卷,有人早已捧着试卷上交,有人哭着央求时间再放慢一点好做最后的努力。经过最后一次爆炸音的"洗涤",狂野终于完全消失,转入短暂的小夜曲,宁静、安详,催眠曲一般,但是很快就消失在耳畔,不知是弹奏真的结束,还是未知的梦已经降临……

尽头:电子合成乐

夜曲演奏完毕,"指挥员"又不见踪影,"乐手"们纷纷离场,但电子合成乐优雅的片尾曲已经响起,让人逐渐放松,空灵幽静,教室里隐匿着无数的悬念,但无人揭晓,这一切都进入了未知幻境,等待着真相到来……

读者发现

9. 创意水果拼盘

综合实践课的前两天，老师说要在课堂上做水果拼盘，叮嘱我们准备好材料并想好要做什么、怎么做，最好先练习一下。

到底做什么呢？我想了好久，终于想到了一个好主意——做一个小乌龟，因为它既简单，又能与别人不一样。

为了在综合实践课上“一鸣惊人”，我在家试着做了好几次，“牺牲”了不少猕猴桃呢，结果我发现小乌龟背上的壳特别不好做。

终于，我等到了这节期待已久的综合实践课。老师刚说完要求，同学们都迫不及待地忙活起来。我把准备好的食材和工具快速拿了出来：猕猴桃、黄桃、香菜、小刀、盘子、菜板、一次性手套，东西摆了满满一桌子。

首先做的是乌龟背上的壳。我先把洗干净的猕猴桃切一小半下来平放在菜板上，然后在半圆形的猕猴桃上用小刀划出乌龟的壳印子，有了这些花纹，乌龟看起来才会鲜活逼真。接着，我又在另一半猕猴桃上切下五个比较细长的小块，用它们做小乌龟的四个爪子和脖子。做好后我把这四条腿和脖子逐一拼接到小乌龟的身体上。还差一个尾巴没做，我又切下一个尖尖短短的猕猴桃肉，装到了乌龟的尾部，这样一来小乌龟就惟妙惟肖地展现在我面前了。可是，看着看着，总感觉少了些什么，哎呀，原来乌龟没有眼睛呢。用什么做乌龟的眼睛呢？这可把我难住了。我仔细看了看桌上的材料，哈，还是用猕猴桃，因为它的种子正是黑色的，做乌龟的眼睛刚适合。我小心翼翼地从猕猴桃的果肉中挑了两个比较圆润的种子，一一把它们贴到乌龟头部的两侧，古人有“画龙点睛”，现在我有“画龟点睛”了，哈哈哈！看着自己的作品，我的心里好不得意。

看看时间还早，我感觉还得为乌龟做点装饰。于是，我又拿起一块糖水黄桃，把上面一层实心的果肉切下来，翻转过来以后我在平整的那面用刀尖来回划，然后再转个方向，呈“十”字形再划另一头，这时手的力要掌握好，一定要轻轻的，就像厨师切腰花那样，刀工要恰到好处。费了好长时间，终于把黄桃划好了，我小心翼翼地把黄桃翻转过来，这样划过的黄桃看起来更像一朵黄色的向日葵花，真漂亮！我轻轻地把黄桃做的花放在盘子的右上角，然后把香菜放在黄桃花的下面，黄黄的花儿下面配上嫩绿的枝叶，左下角是一只正在外出觅食的小乌龟，暗绿的壳下那小脑袋正偷偷地往外张望呢！我给这幅作品起了个好听的名字“觅食”。

经过评比，我的作品被老师和同学们评为“最佳创意奖”。获得这个奖，我的心里甭提有多高兴了！

这节综合实践课，真让我难忘啊！

读者发现

10. 巧拒“推销”

读者发现

最近，不知刮了什么风，短短几天时间居然有好几拨人到我家来推销产品。但是，我们一样都没有买。

给我印象最深的还是那天。放学了，我高高兴兴地回到家里，刚要开门便闻到一阵诱人的香味。我赶紧进门，飞快地跑进厨房一看，原来这顿饭妈妈给我做的是“可乐鸡翅”。我高兴地笑了起来，更让我高兴的是妈妈还买了我最爱吃的烤鸭。看到烤鸭，我的眼睛笑得眯成了一条缝，馋得“口水直流三千尺”，恨不

读者发现

得马上到客厅来一阵狼吞虎咽。就在这时，一阵敲门声扰乱了我的好心情。

我透过门的猫眼往外一看，只见门外站着一位身穿西服的年轻人，他手里还拎着一个大包。我警惕地问：“你找谁啊？”年轻人陪着笑脸说：“小朋友，请你打开门吧，我是向你们推荐洗发水的。”

我一听，长了个心眼，客气地对他说：“叔叔，谢谢了，我们家都是到超市里买的。”可谁知，这个年轻人却不肯罢休：“小朋友，开开门吧，我不是坏人，你先看看我的产品，而且是免费的，不要你掏钱。”

我禁不住他的死缠烂打，开了门。

年轻人快步走向客厅后，迅速把大包里的洗发水一瓶一瓶拿出来，用他那“四寸不烂之舌”开始介绍起来：“这都是我们公司新研发的产品，刚上市不久，而且有明星王力宏代言。现在公司正在搞优惠活动，这时候买最合算了。”

年轻人停了一下，看我没有什么反应，赶紧跑到妈妈那边，向妈妈“下手”。

“大姐，您看这洗发水可以让您的头发变得又黑又亮。再看您的手上有好多裂痕，用这个护手霜，保管让您的手变得又白又嫩。”年轻人一边夸着自己的产品，一边拿着产品给妈妈看。

我看妈妈有点心动，赶紧走上前去说：“叔叔，这既然是免费的，那我把它们拿走了。”

年轻人看我要拿他的东西，连忙说：“小朋友，这洗发水不要钱，但这个瓶子要15元。”

我头脑灵光一闪，便飞快地从家里找出一个瓶子，对这个推销员说：“叔叔，这个洗发水的瓶子我不要，把洗发水倒到我这个瓶子里吧！我也不用给你15元钱了。”

读者发现

这位年轻人看我这样说，瞪了我一眼，但表面上还是笑着说：“这可不行，你不买就算了。”说完，他便卷起东西，灰溜溜地走了。

我真聪明！妈妈的这顿美餐没白做给我吃啊！哈哈！

田尚清

江苏省淮安市人民小学

作者名片

嘿，大家好！我叫田尚清，今年上六年级，正如我的名字一般，我就像一条在田野里自由流淌的清澈小河。我爱玩，爱笑，爱自由……在爸妈的眼里，我是个不太听话、总爱搞怪的小毛孩；在同学们的眼里，我是个幽默风趣、乐观开朗的帅小伙；在老师的眼里，我是个学习还不错、有点胆小、有点顽皮的小男孩。我爱好广泛，喜欢练书法，喜欢打乒乓球，喜欢研究小动物，但最喜欢的还是看书。也许是受妈妈的影响，我读幼儿园时就喜欢一边指着《东方娃娃》上的图画，一边听妈妈讲故事；上一年级时，我学会了拼音，就开始借助这个好朋友，磕磕绊绊读起《小巴掌童话》《一年级的小豆豆》《安徒生童话》；随着年级的增高，我读的书也越来越多，郑渊洁的书充满童趣，沈石溪的书野味十足，罗尔德·达尔的书活泼轻快，周锐的书幽默风趣，金庸的书豪情仗义……读了那么多的书，我不仅开拓了视野，丰富了知识，还对写作帮助很大。低年级时，我喜欢写小诗、写日记，每每看到拼音夹杂着汉字的小本子上被老师画上的红色波浪线，我就自豪极了；到了假期，因学习任务的减少，我就开始写自己喜欢的武侠、科幻小小说，爸爸妈妈会把我写的小小说贴到网上和朋友们分享，听到叔叔阿姨们的夸奖，我的写作信心更足了；现在，写作已经成了我生活中不可缺少的一部分，我用它来记录内心、感悟世界、交流思想。19 世纪著名历史学家托马斯·卡莱尔说："过去一切时代的精华尽在书中。"罗曼·罗兰说："和书籍生活在一起，永远不会叹气。"我就是这样一个爱读书、爱写作、爱生活的孩子。

老师荐读

1. 黄山行

"五岳归来不看山，黄山归来不看岳。"黄山之景乃天下山景第一也。

——题记

老师点拨

引用名家名言作为题记，简洁明了、意蕴悠长。既揭示了主题，又展示了才情，可谓锦上添花。

清晨，我刚走出黄山脚下旅馆大门，一股从未闻过的清新气息迎面扑来，使人心情大为愉悦。

专线大巴车来了，我们随车登上了黄山那左旋右绕的盘山之路。那路、那车摇得我眼冒金星，正当我要抱怨之时，一团团、一缕缕白云在车窗外升起，看得我眼都直了，心中的抱怨之气顿时烟消云散。望着那如雪如棉的云朵，还没来得及想出夸赞它的词语，已然"哇"出声来。

黄山景区到了，我望着那奇松怪石，那白云袅袅，那目不暇接的美景,不禁想到了明代旅行家徐霞客的那句名言:“五岳归来不看山,黄山归来不看岳。”

上了缆车,窗外的景色更是美不胜收。陡峭险峻的山峰,郁郁葱葱的树林,涓涓流淌的溪水,我看着看着心中不禁敬佩起大自然的鬼斧神工。一路山清水秀,漫长的山路也觉得短了许多。

很快,我们来到了“黑虎松”前,黑虎松的树干粗壮遒劲,树枝蓬蓬勃勃向外伸展着,树冠上枝叶繁茂,郁郁苍苍,整个树冠从远处看像极了行书的“虎”字,因此得名。黄山的奇松可是天下闻名,除了黑虎松,还有那张开手臂、迎接八方来客的“迎客松”;那层层叠叠,团团围住,表示友谊的“团结松”;那张牙舞爪的“龙爪松”;那伸向云海深处的“探海松”……

黄山“四绝”之一是奇松,那另外三个呢?去过黄山的人自然明白,就是怪石、云海和温泉。我们大玩特玩,将它们看了个遍,赏了个够。正当我乐此不疲时,老爸挑挑眉毛说:“你不知道,这里还有个大峡谷,刺激得很!”“真的?”“真的!我们现在就向西海大峡谷进发!”

我们沿着悬浮于悬崖峭壁上的栈道,小心翼翼地往前踱着步子。伸长脖子向外望去,就是万丈深渊,那份胆战心惊自不必多说,腿脚的酸麻疲劳也已接近极限。但当你举目向四处眺望时,那一幅幅一幕幕的泼墨山水画便呈现在眼前,让你顿时又神清气爽。走了好一阵子,我已累得气喘吁吁,正想放弃,爸爸指着前方说:“西海大峡谷到了!”哈,我又浑身充满了劲儿。

进入峡谷,顿时感到幽静空灵,一圈圈绿莹莹的山峦环抱着深谷,无数山峰如刀劈斧砍般,许多巨型石块如垒积木般堆积起来,坐落在深谷之中。谷底草木茵茵,花草依依,清脆婉转的鸟鸣声在峡谷中回荡。

老师点拨

“粗壮遒劲”、“蓬蓬勃勃”、“郁郁苍苍”、“像极了行书的‘虎’字”准确生动地描绘了黑虎松的特点,名松的潇洒风姿跃然纸上。

面对这大自然的杰作，我默默赞叹。

黄山之景乃天下山景第一也，它当之无愧地赢得了徐霞客“登黄山天下无山，观止矣”的赞扬。黄山，它使我沉醉，使我流连……

作品简评

好一篇生动细腻的游记，再现了那段愉快又惊险的黄山之旅。小作者边游边赏，点面结合。袅袅的白云，险峻的山峰，葱郁的树林，奇特的松树，幽深的峡谷，在他的笔下都生动、鲜活起来，其中对“黑虎松”、“西海大峡谷”的具体描写，又使作文重点突出，详略得当。名言佳句的巧妙使用，更为作文增色不少。

指导老师　许彦

2. “鼻涕虫”的烦恼

每个人的成长都会与烦恼相伴，比如，戴眼镜使人活动不方便，个子太矮被嘲笑，身体太胖跑不动跳不高……而我最大的烦恼是那怎么也治不好的鼻炎！

平时，我总会因为鼻炎拖着两条长长的黄浓鼻涕，同学们都笑话我是“鼻涕虫”。

一次数学课上，大家正兴致勃勃地讨论着一道难题，班级里七嘴八舌的声音不绝于耳。突然，我的鼻子一阵奇痒，“啊，啊”我不由得张大了嘴巴，打了一个惊天动地的大喷嚏，我的鼻涕“嗖”的一下飞了出来。幸好班级太吵，还没有人注意到我。我赶紧埋下头去找餐巾纸。书包里左面、右面、里面，全被我翻了个遍，也没找到一丁点儿纸。神呀！为什么我偏偏要在上课的时候打喷嚏呀！眼看着鼻涕越来越长，我没办法了，只

老师点拨

“一阵奇痒”、“张大嘴巴”、“惊天动地”、“‘嗖’的一下飞了出来”，一个转瞬即逝的画面，被小作者灵动的笔巧妙地再现了，读来，让我们不禁拍手叫好。

有向同桌求助！我捂着鼻子，探出个头，碰了一下同桌，她低头望了望我，我含糊地说"纸"，她一下子明白了我的意思，嫌弃地说了声："没有！"眼看着鼻涕离嘴越来越近了，我的眼睛四处瞟着，希望找到一个有"纸"的主，终于，我看到远处的汤艺萌正拿着一张洁白的面巾纸在享用。我赶紧请四周的人传话，事态简直像007拆炸弹一样紧急。我看着我的话一句一句地传向汤艺萌，心中万分焦急，终于，我要来了一张面巾纸，不顾三七二十一地就把那黄浓鼻涕擦掉了，身体是舒服了，心里却久久不能平复。那"鼻涕虫"的称号堵塞在我心头，那同学们嘲笑的嫌弃的目光浮现在我脑海。我不禁想起了一首歌，歌中有这句词是这么唱的"最近比较烦，比较烦，比较烦！……"难道我要永远扛着"鼻涕虫"这个"光荣"称号吗？

我决定，以后一定要跟着妈妈一起锻炼，增强体质；再也不乱脱衣服，让自己受凉了！

唉，成长呀，你为何总叫人既快乐又烦恼呢？我想，每个人都有自己成长时的烦恼吧，也许正因为有了这些烦恼，我们才更明白成长的艰难和意义，这些烦恼也应该算作另一种养料吧，它会让我们成长得更茁壮。以后当我回想起自己成长时的烦恼，一定会觉得很有趣吧！

老师点拨

在课堂上，拖着长长的鼻涕而找不到纸擦，着实让人尴尬，"埋下头"、"翻个遍"、"捂着"、"探出"、"碰了"、"瞟着"，这些动词的准确使用，把"我"的难堪描绘得淋漓尽致，让读者都为他捏把汗。

作品简评

成长的烦恼知多少？小作者独具慧眼，选取了一件人们常常避讳的，但又真实的烦恼来写。通过一节数学课上鼻涕的不期而遇，借纸的"艰难"与尴尬，把鼻炎的恼人之痛、恼人之深，写得透彻淋漓又情真意切，让我们读来也不禁为他捏把汗、着了急。结尾处的抒情议论提高了对所叙烦恼的认识，点明了主题，深化了中心，起到了画龙点睛的作用。

指导老师　许彦

作者引读

3. 我是书友，书是我友

一本好书，就如同一个好朋友，有许多好书，就相当于有许多好朋友，我就拥有这样的许许多多的好朋友，它们给我带来了无限快乐。

“偷”书乐

现在，虽然我每天都因做作业而忙得不可开交，但是，书中那些“美味”的文字、引人入胜的情节，还是让我不由得半夜去“偷”它。当爸爸妈妈都已上床睡觉后，我偷偷拿起我心爱的《查理九世》和手电筒，一起带到被窝，开始“挑灯夜战”！看着看着，我入了迷，仿佛和墨多多一起开启了险关重重的冒险，面对一个个阴狠狡诈的魔头、一个个险象环生的关卡……看了一会儿，闷热的被窝闷得我满头大汗，我将头伸到被窝外深吸一口气，继续埋进被窝“奋战”！不知不觉，迷人的故事情节、动人的文字描述，让我忘记了时间，忘记了困倦。当我忽然想起看手表时，天啊，都夜里 11 点啦！可是看不完，又怎能睡得安心？于是，我把最后一个故事恋恋不舍地看完后才睡觉。今夜，我做了一个好梦……梦里，我有了侦探犬查理，加入了墨多多冒险队，与伙伴们共渡难关……

作者自悟

这本来是一篇命题作文“我与书的故事”。开始我只想写自己如何爱看书，但是这样不能完全表达我对书的热爱，后来老师点拨我可以从不同的角度写，如爱看书、爱买书、爱藏书……多个角度选材就让文章丰满起来了。

“淘”书喜

每个星期天的下午，我最爱做的事就是和妈妈一起去书店或图书馆。每当这个时候，我就像一条畅游的小鱼，在浩瀚的书海中嬉戏蹦达。我既喜欢雷欧叔的侦探小说，也喜欢周锐叔叔的幽默小说，既对科普读物爱不释手，又对文学小说毫无抵抗能力。“我要这本、那本，还有那本……”每次我挑的一大堆书总让妈妈无奈。“这本和那本能不能下次再买呢？”“我不喜欢买新衣服、新鞋子，也不喜欢吃什么奢华大餐，省下钱来买书，不行吗？”最终，我总是成功地把这些“新朋友”都兴冲冲地抱回家去。学校举办的跳蚤市场更是我的天堂，每次我都会花光所有“赚”来的钱，赠送掉所有稀奇古怪的玩具，而带上许多或买来或讨来的“书朋友”回家。

“藏”书欢

我收藏的书可多了，有郑渊洁伯伯的“皮皮鲁”系列，黄蓓佳阿姨的“亲情”系列，沈石溪爷爷的“动物”系列，雷欧叔叔的侦探系列，周锐叔叔的“三国”系列，罗尔德·达尔的幻想系列，金庸爷爷的武侠系列……数不胜数。郑渊洁的书充满童趣，黄蓓佳的书非常贴近孩子的生活，沈石溪的书野味十足，雷欧的书惊险刺激，罗尔德·达尔的书活泼轻快，金庸的书豪情仗义，周锐的书幽默风趣。每当看到这些心爱的朋友们都整整齐齐地站在我的书架上，懒懒散散地躺在我的枕头边，悠闲自得地趴在我的书桌上时，我就舒服，打心眼儿里舒服。

书是我的好朋友，它们天天陪伴着我，伴我一起长大，伴我一起面对成长的快乐与烦恼。我是书友，书是我友。

作者自悟

我写的三个小标题形式工整，“偷”、“淘”、“藏”三个字用得巧妙，又有趣味，吸引读者。

作品简评

这是一个我与书的故事，书籍陪伴着我成长，书籍是我生活中不可缺少的一部分，我和书的故事很多很多。如何在一篇习作中把对书的喜爱、与书的亲密充分表现出来？老师给了我一些建议，让我从以下三方面来写。“偷书乐”、“淘书喜”、“藏书欢”，三个小标题，三个不同的角度，从深夜偷看书，到爱买书，到介绍自己的藏书，我想从这些方面应该能看出“我”有多爱书了吧！

4. 斗“蜂”

校园里时常会刮来阵阵“时尚风”，有时是拍卡片风，有时是斗陀螺风，有时是玩橡皮筋风……最近，学校门口的小店里竟然刮来了一阵“斗蜜蜂风”。

走进教室，到处是叽叽喳喳讨论蜜蜂的声音和蜜蜂们“嗡嗡”直叫的声音。瞧瞧这些蜜蜂，有的还在努力地破茧，用小脑袋在硬硬的茧里钻来钻去，有的刚刚从茧里爬出来，正在向主人“卖萌”；有的已像一只好斗的小公鸡一样在盒子里横冲直撞了……

下课了，同学们纷纷“斗蜂”，我便来看“二层子”。只见那大蜂与小蜂相互试探一番，然后扑上去就张口猛咬，抱在一起滚来滚去，不时传来翅膀震颤的“嗡嗡”声，看得人心惊肉跳。看完这一场蜜蜂大战，我心中不由激动起来：要不我也去买一只？

下午我也手捧一只小盒，盒里装着我刚刚在校门口小店里精心挑选的一只大蜜蜂，得意洋洋地走进教室。第一眼看到它的人便大叫起来，不一会儿便引来一大群人，他们七嘴八舌嚷起来：“好大一只呀！”“颜

作者自悟

原来的题目是《蜜蜂大战》，但老师启发我：常听说有“斗牛”、“斗鸡”、“斗蛐蛐”，你何不改改？是呀，改成《斗蜂》后更简洁，也更吸引眼球了！

色真艳！像是虎皮纹！”“一定是一只蜂王！”……

终于等到了大课间，我开始寻找“对手”，那些带着小小蜂的同学来找我，我理都不理，只顾寻找“强者”。这时，谢佳乐也提着个盒子大摇大摆地走了过来。我眼一瞟，好家伙，这是只黑蜂，正懒洋洋地趴在盒底，两只翅膀足有指甲盖大！一股汹涌的斗志从我的心中腾起，来，战斗！

一场世纪大战开始了！我的蜂王进入了战斗场后，灵敏地飞旋在空中，打量着那只“黑社会”。那大黑蜂一看有蜂来打扰它，也气了，“腾”地蹿了起来！我的蜂王一惊，往后退了几步，躲开了大黑蜂的冲撞。大黑蜂又恼又怒，摆动着强健的翅膀向我的蜂王再次冲来，我的蜂王也不甘示弱与它厮杀在一起。大黑蜂一见不可轻敌，竟使用了屁股上的毒针向我的蜂王刺去，好在我的蜂王机智过人，一个躲闪，将大黑蜂按倒在地！“嗡嗡嗡”、“嗡嗡嗡”两只蜂扭打在一起，难解难分。我激动万分，心中默念：加油！加油！那大黑蜂被压得喘不过气来，甘拜了下风，从蜂王的身躯下挣脱，趴到一旁不做声了。蜂王像打了鸡血似地满场乱飞，仿佛想让全世界都知道它的胜利。

这场激动人心的斗蜂比赛，以我的蜂王的胜利而宣告结束！有趣的斗蜂给我的童年带来多少欢乐多少回忆呀！

作者自悟

我的蜂王与大黑蜂斗，应该是整篇文章的高潮，老师告诉我这部分要写得一波三折、风生水起，所以我分了几个环节来写，让它俩斗得精彩再精彩些。其中一些动词的使用，自己觉得挺成功。

作品简评

我从小就喜欢小动物，喜欢观察它们的活动，喜欢和它们一起玩耍，喜欢研究它们的各种习性，所以那次“斗蜂”我观察得特别仔细，也特别想把那惊心动魄的场面与大家分享。因此，我写了这篇作文。通过这篇作文，我想对同学们说的是，我们的生活其实挺丰富多彩的，不要总是抱怨没有可写的素材，其实你得先练就一双会发现的眼睛。

5. 一路向西

五年之学业暂且告别，一个七彩的暑假即将开启。

——题记

第一站——回味西安

淮安的天，似乎并没有为我们送别的意思，七月的天，孩子的脸，这不，老天爷的"泪水"如断了线的珠子一般流淌下来。但是，我的心情并没有受到这扫兴的天气的影响。因为，暑假之旅已正式开启。

在老爸的单位门前，六个人正在将大堆的行李往一辆七座的大SUV车里装。我和青姐正玩着十分无聊的游戏。老爸、老妈、姑姑、姑父正在"啪啪啪"地拍照，拍完后打开微信、微博、QQ……各大网站发一遍。整理完毕，我们坐上了车，出发！我们的第一站将是十三朝古都——西安。

很快，我们来到了收费站，站台小姐微笑着给我们发了一张卡。亲爱的家乡，再见！

汽车在高速公路上飞驰，渐渐地我们开出了雨区，与刚才的乌云密布、阴雨绵绵不同的是，现在已是万里晴空。高速公路旁是一户户农家，一望无际的田野上偶尔冒出几朵小花，淡淡的粉色，幽幽的蓝色，耀眼的黄色……使人心旷神怡。开着开着，一片平原的边缘渐渐冒出几个山头，渐渐地，山越来越高，很快，我们的四周遍布着长满参天大树的高山……

作者自悟

写作中，我们经常会用到"对比"，通过反衬的方法来加强表达效果。我为了写出要旅游的心情，着墨写淮安天气的恶劣，但不影响去西安的兴奋心情。这种方法，写作中我经常用到哦。

时间过得真快，夜幕就要降临，经过十二、三个小时的车程，我们到达了本次旅程的第一站——西安。晚上，我们来到了西安著名的回民街，因为以前来过，所以我们知道这里的美食最多。今晚也是如此，整条街人头攒动，大大小小的铺子一家挨着一家，已是晚上8点多钟，可到处灯火通明，吆喝声、叫卖声此起彼伏，成千上万的人在这条窄窄的街上流动。

我的肚子早就抱怨了，在人群间穿梭，又闷又热，肚子咕咕叫。就在这时，我看见了一个巨大的蓝色大桶，里面插满了树枝，而且只有树枝，这些树枝每根都有食指般粗，整个大桶从远处看就像诸葛亮向曹操借箭时插满了箭的草垛。我正在纳闷这树枝是干什么的，忽然老妈问我：“吃不吃羊肉串？”我想都没想大声答道：“吃！”来到一家烤羊肉串的小店前，只见小哥在炉前不停地翻动着粗壮的羊肉串。我抬头一看，这巨大的招牌上写着“红柳枝羊肉串”。我这才恍然大悟，这些大树枝原来是红柳枝呀。经过妈妈的一番“演讲”，我明白了为什么新疆人喜欢用红柳枝串羊肉串，而不像我们用铁签或竹签，因为新疆人觉得红柳枝的木香和肉香混合在一起才更美味。我来上一串，真是香气四溢，满嘴流油。吃完后，我拿着那根红柳枝，也装模做样地把它插进了蓝色大桶中！

进了一家饭馆，我们照例点了两碗羊肉泡馍、四瓶冰峰汽水、两杯酸梅汤，这些可都是回民街最具特色的美食。羊肉泡馍的鲜香辛辣，冰峰汽水的冰爽刺激，酸梅汤的可口酸甜，一齐在口中旋转，在胃中舞蹈。酒足饭饱后，我们回到宾馆，躺在床上，我想：明天迎接我的会是什么呢？

作者自悟

西安的回民街已是第二次去了，所以不觉得陌生，但这次最让我新奇的是那插满了红柳枝的蓝色大桶，鲜明的色彩对比，数量极多的红柳枝，让人过目难忘，所以我把它比喻成“诸葛亮向曹操借满了箭的草垛”。我一直为自己的这个比喻而得意。

第二站——惊艳门源

我们一路向西，向第二站——西宁奔驰。身边荒凉的黄土渐渐变红，一座又一座的山峦就在我们身边高低错落地起伏着。进入青海省，转眼已是晚上8点多钟，可是这里的太阳竟还没有一点儿倦意，依然稳稳当当地坐在天空的宝座上，直到接近9点，它才恋恋不舍地离去。终于，我们在朦胧的昏睡中来到了西宁。

车终于停下了，手表的蓝色荧光一开，天呀，都夜里11点了。困倦的我一走下车，一座如同皇宫般辉煌的巨大建筑物矗立在面前，“青海宾馆”四个大字赫然展现在眼前。我一拍脑袋，今天老爸不是说住五星级酒店的吗？太棒了！可忽然感到寒意遍及全身，穿着短袖短裤的我开始直哆嗦，老妈走上来给我披了件外套，说道：“这里冷，晚上只有8度！”我裹好衣服，随爸妈走进宾馆大厅。只见头顶上方十几米处悬挂着一个巨大的玻璃吊灯，闪烁着美丽的光芒，一面巨型的花朵浮雕墙壁把大厅分隔成两块。进入贴满绚丽大理石、四周镶嵌着金边的电梯，感觉眼花缭乱。来到房间，悠然淡雅的气氛里，两张洁白舒适的大床跃入眼帘。啊！困意布满全身的我立刻倒了下去，痛快地睡了一觉。

第二天早晨，我们开往门源去看油菜花。汽车两侧左是大山，右是悬崖，真是令人心惊胆战！我们的车在盘山公路上左扭扭右扭扭，不知不觉，来到了海拔近4000米的高峰。站在观景台上，远处是十万亩油菜花，开得艳丽，开得耀眼，开得气势恢宏，如同金色的海洋。我问妈妈：“我们那里的油菜花不是四五月就盛开了吗？为什么这里7月油菜花还在盛开？”妈妈说：“因为我们淮安的温度比这里高，这里到了7月温度才达到20多度，所以这里的油菜花在7月才能盛开。”

作者自悟

来到西宁，来到门源，给我印象最深的就是那些美丽的颜色，每一种颜色都非常纯粹，配合在一起就像一幅油彩画。我想再现这样的画面，就抓住了“蓝”、“黄”、“白”这些最具代表性的颜色来具体写，比喻等修辞手法的运用为我的描写助力。

再往远处看，是层层叠叠如刀劈斧砍般的千年雪山。蓝绿相间的山头上就是大片大片的白云和蓝天，这才是真正的天蓝色，如同一个天真的孩子，拿着他不含一丝杂质的天蓝色画笔，尽情地在画本上涂抹，大朵大朵的白云，白得纯洁，白得剔透，如软绵绵的棉花糖，如冬爷爷送来的雪球。这些美丽的颜色，交织成一幅绚丽多姿的画卷。

作者自悟

写景文章，重要的是有序。由远及近是按照视觉习惯来的，我写青海湖就用了“由远及近”的方法。这样，写作思路不断层，让人感觉娓娓道来。

第三站——沉醉青海湖

刚“吃饱了油”的车和我们一起，告别了西宁，告别了五星级酒店。车子一口气都不喘地向前冲，前几天身边的高山深涧渐渐消失在我们的眼帘，一片碧绿的草原进入视野。偶尔看见路边几个身着藏袍的藏人，将一条细而有韧劲的鞭子背在背后，时不时抽出，催赶前面正在乐滋滋、慢悠悠吃草的黑牦牛们。一碧千里的草原和连绵起伏的山脉交替出现，陡峭的山坡上遍布着许多白点，仔细一看，竟然是山羊，怪不得这里的羊肉好吃，原来是因为羊儿们吃草要爬到高山上去，它们经常运动，所以肉质鲜美有韧性，“山羊”也因此得名。

突然，老妈高呼一声：“到了！”我抬头一看，却只看到一大片的蓝色，刚想说“哪里有湖”，再定睛一瞧，那浅浅的天蓝色下面连着一片深蓝，原来是水天一色连成了一片。哦!青海湖真的到了！

即将到达湖边，车子也激动得要命，开得“嗖嗖”生风。忽然，挡风玻璃上传来“噼里啪啦”的脆响，这是一场挡风玻璃和雨点的战斗。一看，头顶乌云密布，身后的那几座高山同样也被乌云笼罩着，就像“魔鬼谷”。再往前一看竟是一片晴空，天上的云白得像被漂过似的，就在同一个视野中，天气竟有着这么大的差别呀!

车子已开到湖边，湖边也长满了油菜花，金光灿灿，耀人眼目，大片大片的油菜花就像一条金色的地毯，从天上铺到了人间。眼前的青海湖，波光粼粼，纯净美丽。在这里，你可以找到任何一种蓝色，天蓝、浅蓝、湖蓝、瓦蓝、湛蓝、深蓝……它们互相渗透互相渲染，宛若天仙遗落人间的一颗颗硕大的蓝宝石。湖水又与蓝天交相辉映，蓝得无边无际，蓝得彻彻底底，天地间形成了一幅巨大的蓝色天幕。站在湖边，眺望四周，绚丽夺目的金色和纯洁宁静的蓝色交织着、对比着，宛如仙境一般。

作者自悟

要想把景色写得好，老师告诉我一定要有顺序地描写。因此，在写青海湖的时候，我就按照从上到下，从眼前到四周的顺序来写，这样就显得有层次有条理了。

下午，我们的车再次在原野上行驶，很快，我们到达了桑科草原。随便找了一个地方下了车，站在一片绿野中的柏油公路上，周边一片寂静，蓝蓝的天空，绿绿的草原，抬起头、踮起脚似乎就能触碰到的大朵大朵的白云和远处巍然屹立的雪山，仿佛天堂一般，偶尔传来几声鸟鸣，才让你记得你不是在梦中。真想对着四周大声喊叫。此刻，这个世界上，仿佛除了天、草、云就剩我们了，真是美得令人窒息！看着看着，我竟情不自禁地喊起来："啊——太美啦——！"

站了好久，我蹲下身来，发现草地里有许多小洞，不知道是干嘛的，再走近去看一看，突然，蹿出来一个小毛球。哦，原来是田鼠小弟啊，它一看到我就吓得钻回了洞里。我可是头一次看到田鼠，太好奇了，于是和青姐撅着屁股在草地上找田鼠洞，找田鼠小弟，找了好久好久……

明天，去藏传佛教格鲁派六大寺庙之一的拉卜楞寺！明天，又会有怎样的惊喜在等着我们呢？

作品简评

"一路向西"的旅程展开了，西安的美食，门源的7

月油菜花，青海湖的水天一色……都给我留下了深刻的印象，于是我选择了这些具有代表性的景点细细描绘，把我这一路上的见闻、感受娓娓道来，是希望能与大家分享我愉快的暑假之旅。请你们跟随我的笔触，一起经历一次新奇愉快的西部之旅吧！

读者评读

6. 记吾爱——味千拉面

读者发现

一进味千拉面馆，首先扑鼻而来的是一股沁人心脾的大麦茶的清香，那是一股清清淡淡含着泥土气息的芳香。这香气让我深深陶醉，食欲大增。

等待时，我直勾勾地望着别人的面，任面香、茶香在周身萦绕，口水都要流出来了，巴不得立刻上前抢过来！

我点的面终于来了，这一碗面实在太漂亮了！那一卷如龙须般晶莹剔透的面条沉浸在乳白色略带红色的汤汁里。若干片玉雕似的竹笋，少许几片五花三层的卤肉，一撮碧绿如翡翠似的小青菜，半个深褐色的“Q弹”的卤蛋，外面是茶褐色的蛋白，里面是深黄色的蛋黄，都懒洋洋地躺在碗中，一股麻麻的香气把我的鼻子震得抖呀抖。

啊——我要发功了！我拿起木制的筷子，挑起一卷面，“哧溜”一声，嘴里已塞满了面，津津有味地嚼起来。那面条韧劲十足，越嚼越带劲，一大波麻辣味、鲜香味让舌头兴奋地跳舞，让胃快乐地颤抖。接着，我拿起特制的扁平小木勺，舀起一勺汤，吮吸一口，香喷喷、麻酥酥的汤汁便钻入口中，令人回味无穷。

“嗯，太棒了！”我竖起大拇指，对着妈妈嬉皮笑脸地说：“曹操说过‘何以解忧唯有杜康’，我要说‘何以解馋唯有味千’！”

不一会儿，一大碗面被我狼吞虎咽地干完了。我一下子瘫坐在沙发上，背上冒出了一层细细的汗珠，肚子里、嘴巴里麻辣辣的。我呼出一口气，这气热烘烘、暖洋洋，蔓延着幸福的气息！这一刻，我感到好幸福！

读者发现

7. 吃一堑 长一智

读者发现

从小到大，我不知道吃过多少“堑”，又因为这些“堑”，不知被揍了多少回，但可贵的是，我的“智”总算在“堑”中慢慢提升了。

喝水烫到舌头，喝汤洒了一身，考试漏做题目，做题抄错数字……我吃的堑可不少，但最令我难忘的，是那次丢钱的事情。

那是一个星期六的下午，妈妈大发慈悲，赏我一百块钱让我自己去书店买书。我的那个得瑟劲儿呀别提了，心中像绽开的花，一边走着跳着一边还不禁唱起了歌，眼睛和眉毛在比谁蹦得高。很快来到了书店，我把一百元搓成一个圈，套在手指上，心想：把钱放在最显眼的位置，肯定不会掉。我四处翻着书，挑了半天，挑了两本，准备去结账。可又一想，今天我可有钱了，干脆多挑几本吧！于是，又继续沉浸到书海之中。一会儿翻翻这本，一会儿摸摸那本，一会儿又蹲在地上津津有味地看起了最新期的漫画。终于，我看够了，捧着几本书乐滋滋地往收银台跑去。突然，四处散漫的目光聚焦到了自己的手指，咦，钱呢？我心里咯噔一下，赶紧又摸了摸口袋，也没有！这下我可慌了神，四处乱拍着身体上的任何一处可能有钱的地方。天啊，这可是一百元钱啊，妈妈一年也不会那么大方地给我这么多钱呀，而且妈妈得工作多长时间才能挣到这一百块啊！哎，千不该万不该，不该把那一张“毛爷爷”就这么拿在手上，我这手又要翻书，又要拿书，哪还有闲功夫拿钱呀？老爸老妈会用什么方法来治我啊？会“女子单打”，还是“男女混合打”？我整个人都吓傻了，身上一阵一阵冒冷汗，对了，掐指一算，这一百块钱还可以买 12 个我最喜欢的“乐高小人”呢！刚才还极度兴奋的我，一下子如同五雷轰顶，天打雷劈！书当然买不了了，我把它们一一放回原处，但是更糟糕的是回去怎么向老妈交代，想到这里我不禁打了几个冷颤！

回家后，不出意外的，我因为这个“堑”，受了一顿“竹板烧肉”！事后，妈妈对我说，自己的东西要好好保管，如果自己的钱都不能保管好，那将来还能对其他什么事情负起责任来呢？丢一百块钱不是大事，但对事情缺少责任心就是大事了！堑可以吃，但吃了堑以后，不能坐等继续吃堑，要明白此堑之意，从而转化为智。

所谓“吃一堑，长一智”是石匠师傅在打造石器时讲的一句话，但它蕴含的更深意义是：吃了亏不能坐以待毙，要将吃的亏，领悟为智慧，从而避免下次再犯类似的错误。

读者发现

8. 不明亮的心

人心是否明亮，常常体现在小事中。

——题记

一个人的心是否明亮豁达，常常体现在小事中。那一日，我在路上遇到了一件体现人心的小事。

放学后，我和妈妈站在“桃酥大王”的门口，有序地排着队。这时，一个60岁出头的老太太从一旁走来，顺势挤进了队列的第一个。后面人想叫她排队，但一看她这个年纪了，便顺从她意算了。刹那间，我便对这个不讲公德的老太太厌恶起来。她看了看价目表，挑了打折的桃酥要上两斤。店员刚要低头给她称桃酥，她又旁若无人地拿了一块放在柜台上大盆里的桃酥递到嘴边，一口咬了下去。店员一看，忍不住了：“大妈，您怎么拿那么一整块桃酥尝呀？要尝，也应该拿边上的碎块尝呀！”那老太太一边嚼着一边嚷嚷：“我尝尝也不行啊？怎么做生意的？”

店员涨红了脸，不想再跟这种人吵下去，回头就去称桃酥了。那老太太吃完一块“不付钱”的桃酥后，得意洋洋地拍拍手中的残渣，还毫无顾忌地把残渣撒到人家放桃酥的盆子里。后面的人议论纷纷，我也打心眼里瞧不起这种贪小便宜还不讲道理的人。

店员称好了桃酥，装在一个塑料袋里，极不情愿地递给了老太太。老太太掏出钱递给店员，就在那店员低头找钱的当儿，老太太又伸出她那麻利的手迅速地捏了两块“免费”的桃酥塞进塑料袋里。店员抬起头，看到老太太正满心欢喜地数自己袋子里的桃酥，气得直摇头。后面的顾客，有的抛给了她两个“棉花球”，有的啧着嘴，有的指指点点地议论着……每个人都瞧不起她，她却若无其事地从目瞪口呆的店员手中拿过零钱，跺了跺了那双脏兮兮的皮鞋，然后扬长而去。

读者发现

诸葛亮说：“勿以恶小而为之，勿以善小而不为。”虽然只是几块桃酥，但是老太太那种贪图小便宜、不讲社会公德的行为，让我们看到她人格的缺损，看到她那颗不太明亮的心。我曾看过一篇文章，告诉人们一个家庭最珍贵的遗产——道德修养。那么，这个老太太又能给她的子孙后代留下些什么样的“遗产”呢？

9. 精彩的橡皮筋大战

读者发现

“叮铃铃！”激动人心的下课铃声响起，我们如同追逐猎物的猎豹一般冲出了教室。一阵“石头、剪刀、布”大战后，我们被分成了两队，开始精彩的橡皮筋大战！

战斗开始。我抬起左手，右手拉紧橡皮筋，瞄准，刚要射击。可徐杨这个“机灵鬼”却健步如飞，“噌”的一声，只见一个瘦小的身影一闪，他已经稳稳地站在五楼上！好家伙，看来不好对付，我们要小心了。胡志山与我紧追不舍。哪料，他刚冒出个头，只听到“哎呀”一声，我扭头一看，惊出一身冷汗——胡志山被击中了！我可不能掉以轻心，转身紧紧贴着一旁的墙壁。胡志山捂着肚子，蹲在地上，紧锁着眉头“嗷嗷”大叫。我瞟了他一眼，心想：一定要为他报仇！

我上好膛，小心翼翼地探出头来，瞄准，右手轻轻一松，只听见“嗖”的一声轻响，那颗土豆色的橡皮筋在空中翻滚、旋转……“啪！”一声——我打中了徐杨！我哈哈大笑：“‘机灵鬼’也有失手的时候啊！”刚才还嗷嗷乱叫的胡志山见状，像突然打了针鸡血似的，“腾”

的一声站了起来，高兴得手舞足蹈。

我也笑得前仰后合，徐杨那家伙却看准时机，“啪！啪！啪！”三声，我“中弹了”！我大声呼救，很快，援军——我的队友们便赶了过来！徐杨大惊失色，转身、扭头、抬腿，妄想逃跑。“嗖——嗖——嗖——嗖！”一根根“复仇”的橡皮筋向他射去，只听到“啪”、“哎呦”的声音不断传来，一根根像皮筋射在他身上的不同部位！他倒下了……

10秒钟过去了，他依然倒在地上，我们不禁担心起来，要知道：这橡皮筋射在身上的感觉可不好受。胆大的我轻手蹑脚地上去试探，哪知我刚到他身边，他却一个“鲤鱼打挺”站了起来，哎呦！

新一轮的橡皮筋大战又开始了！

读者发现

10. 英雄不朽，少年强

——观看《开学第一课》有感

读者发现

“起来，不愿做奴隶的人们，把我们的血肉筑成我们新的长城……”“风在吼，马在叫，黄河在咆哮，黄河在咆哮！……”“风烟滚滚唱英雄，四面青山侧耳听，侧耳听……”此时，我正坐在电视机前观看中央电视台一年一度的《开学第一课》，听着这些激昂的抗战歌曲，我不禁心潮澎湃，情绪高涨。今年的9月3日正值中国反法西斯战争胜利七十周年，所以今年的《开学第一课》的主题是——英雄不朽。

这是一堂爱国的课

屏幕中满头银发、慈祥端庄的秦怡奶奶正在为我们深情地讲述她的丈夫金焰与聂耳一同创作国歌的

读者发现

故事。金焰和聂耳在战场上看到了英勇的抗日战士们不怕牺牲、义无反顾地用自己的血肉之躯去堵被敌人轰塌的长城缺口,所以国歌中才有了那句“把我们的血肉筑成我们新的长城”!原来,国歌不是艺术家凭空编造出来的,它的背后竟然还藏着那么多感人肺腑的真实的故事呀!我不由想到了那些抗战英雄们为了保卫家园、保卫祖国,不惜抛头颅、洒热血,用自己的生命换来了我们今天的和平与幸福。再唱起国歌时,我们的心中一定会多一份庄重、多一份崇敬吧!

这是一堂勇敢的课

少年英雄王二小的故事,想必大家都很熟悉。一个跟我们年纪一般大的少年为了保护乡亲们,把敌人引入了我军的包围圈,最后自己壮烈牺牲了。他是多么勇敢啊,他的爱国情怀是那么浓烈而质朴。他把自己年轻的生命、花一般的年华就这样悄无声息地献给了祖国。听老爷爷说,王二小原本是虚构的,但是,他是那个时代无数爱国的勇敢的孩子的缩影。他们虽然年纪小,但是胆量一点都不小,他们为抗日战争做出了自己应有的贡献。我要向他们学习!今天我们生活在和平年代,没有了硝烟和战争,我们又该如何学习王二小的勇敢呢?我想在生活中、在学习上,当我们遇到重重困难和挫折时,不畏惧、不退缩,面对它、战胜它,这也应该是一种勇敢吧!

这是一堂团结的课

在与日军的战斗中,我们获胜的原因不仅是因为勇敢、坚强,还有很重要的一部分是因为有外国盟友的帮助、支持。比如我们的美国盟友,当他们开着战斗机在战场上出现时,中国的老百姓总是指着飞机上的

"鲨鱼"标志喊道:"飞虎!飞虎!"如果没有团结、合作,没有朋友的帮助,我们这场战斗会打得更加艰难。团结就是力量,今天的我们更需要团结起来,才能更好地维护整个世界的和平。

这是一堂自强的课

就在孩子们还在为飞虎队的英姿飒爽而拍手叫绝的时候,一群拿着航模的孩子已经走上了舞台。他们为我们做了一个个令人叹为观止的表演,原来,他们也是一群有着飞行员梦想的孩子。最后出场的那个大哥哥,他的飞机模型表演更是炉火纯青,飞机模型在空中一会儿倾翼,一会儿侧翻,一会儿扶摇直上,一会儿盘旋降落,看得孩子们目瞪口呆。看着这自由翱翔于天地间的飞机模型,我想这就是自强,他们已经在用自己的双手实现着美丽的梦想。

梁启超说:"少年智则国智,少年富则国富,少年强则国强……"我们是祖国的未来,祖国的明天将被我们书写。少年朋友们,爱国、勇敢、团结、自强,做一个有益于社会、有益于人民、有益于国家的新时代少年吧!

周　鹏

江苏省淮安市延安路小学

作者名片

Hi,大家好!我叫周鹏,是一名阳光小男孩,今年12岁了。我是一个地地道道的小胖子,颜值不够高,却是个十足的“乐天派”哦!虽然我很胖,但是我还是挺喜欢运动的,就是体重一直减不下去。因为体胖的缘故,体育成绩不够理想,但我的爆发力还是不错的,扔垒球可是我的强项哦!

我擅长打羽毛球、网球之类的运动。别看我体态较胖,我的灵敏度与我的体形可是成反比的,同学们都戏称我是“灵活的胖子”。我的悟性挺好,学打羽毛球我只练了几天,就能挑战我的老爸了(爸爸的技术可是有一定水准的)。对任何挑战,我都信心满满,勇往直前。

我有一个最大的爱好就是读书。“书山有路勤为径,学海无涯苦作舟”、“读书破万卷,下笔如有神”。这两句名言我一直谨记,在求学的旅途中，我幸福地遨游在知识的海洋里，吸吮着知识的甘露，我深切地感到读书真幸福。我爱读书！

老师荐读

1. 小鱼的温度

一个周末收拾房间的时候，我无意中翻到一个小鱼缸。看着这个小鱼缸，我不禁思绪万千，想到一件令我十分惋惜的事情。

还记得那是冬天的一个周末，爸爸、妈妈不在家，我写完作业，就去逗小金鱼玩了。小金鱼上下嘴唇一张一合，十分可爱，眼珠像一颗黑色的小豆豆，全身都是红颜色的，尾巴宽大，就像一片火红的枫叶，那圆圆的肚子，就像吃了一个大汤圆。

我贴近鱼缸，仔细观察里面的鱼儿，发现今天它没有以前欢了，于是我轻轻拍拍玻璃鱼缸，还不见它动。没办法，我只得在旁边冥思苦想：它到底怎么了。当我看到外面下着雪的时候，就想着会不会是家里温度低，太冷了，就像我自己一样在天气冷的时候不愿意动。对！肯定就是这样。可是，我该怎么办呢？对了，只要我给它取暖不就可以了吗？可是我又该用什么方法为它取暖呢？一连串的问题不断出现在我的脑海里。我该怎么办呢？突然，我脑子里闪出一个念头——开空调？我刚要这样做，却又想到开空调鱼缸里面又不容易热。唉，要想让鱼缸中的水变热，应该把冷水变成温水。那我只要把热水倒入鱼缸，那鱼缸里的冷水不就是温水了吗？想到就做，我从厨房里提来热水壶，

老师点拨

开篇用生活中的无意之举，巧妙地以倒叙的手法引出令自己难以忘怀的往事。

小金鱼嘴唇的一张一合，眼珠犹如小黑豆，尾巴宽大如枫叶，肚子像吃了汤圆，将小金鱼的外形描写得惟妙惟肖。

看到小金鱼今天的“反常”，小作者内心的想法迭出，心理活动的描写层层深入。

小心翼翼地把热水缓缓倒入鱼缸。果然，小鱼高兴极了，在鱼缸里跳起了“秧歌”，还“高兴”地来回直撞。我看到它现在这个状态，可高兴了。但是，好景不长，不一会儿它又不动了，肚皮还翻了过来。难道是水温不够？我又加了一点热水，可它还是一动不动。我的心开始怦怦直跳，忽然有种不祥的预感，小金鱼渐渐一动不动地漂了起来，我的眼泪也跟着流了下来，傻傻地呆望着鱼儿，此时的我内心充满着无尽的自责。正好这时妈妈回来了，我哭着对妈妈说：“妈妈，小金鱼死了。”

“啊？怎么会这样？快告诉我发生了什么事。”我把事情从头到尾对妈妈说了一遍。

这时，妈妈关切地抚摸着我的头说：“傻孩子，小金鱼是属于比较耐寒的鱼类，它不适宜在热水中生存，不要刻意去改变它的生活环境，否则会适得其反，下次不要再自作聪明了。”

这件事让我明白了：不要去刻意改变小动物的生存环境，否则就会事与愿违。看来，适合才是最好的！

老师点拨

小金鱼受到热水的刺激，在鱼缸中跳起了“秧歌”，“高兴”地来回直撞，生动、形象地写出了它的异常表现。

从小作者看到小金鱼的一反常态，“眼泪也跟着流了下来，傻傻地呆望着”，可以感受到他内心的自责与无助。

作品简评

儿时的天真，儿时的无知，善意的举动，酿出了惨剧，给小主人翁留下了难以磨灭的印记。难能可贵的是，他从中吸取了深刻的教训，足以警醒身边的小读者，不要重蹈覆辙、画蛇添足、多此一举，否则会适得其反。而对于我们教育工作者来说，这件事也验证了因材施教的道理，每个孩子都是独特的个体，赋予适合他们每个人的教育方式是多么的重要啊！

指导老师　孙步超

2. 掌声背后

老师点拨

生活如同一块七色板，其中蕴含着追梦的艰辛，成功的喜悦，挫折的苦痛，孤独的寂寞……

简洁的语言，精练的概括，表达了对生活的认识和体会。

同学们应该还记得小学语文课本中一篇关于掌声的课文吧！主人翁小英因为从小得了小儿麻痹症，落下了残疾，所以变得很自卑，不愿意和小朋友们玩。因为她不想让别人看到她一瘸一拐的样子。一次偶然的演讲，同学们给予她的是掌声，而不是嘲讽，让小英充满了自信。虽然这仅仅是一个小故事，却使我感触颇多。是啊，每一个成功的背后，每一个关怀的背后，都有鼓励和掌声的功劳。

借以曾经在三年级课本上学过的故事，与小读者先产生情感上的共鸣，恰当引出本文要讲的故事。

依稀记得，那是我第一次学骑自行车。初学时，不管我怎样努力尝试，都只有一个结果——摔倒。我心有不甘，却还是以失败告终。当时，我突然听到不远处传来鼓励的掌声，我却无动于衷，对自己还是没有信心。但掌声越来越大，越来越近。原来，鼓掌的人竟是我的妈妈。看着妈妈脸上的笑容，听着那响亮的掌声，我不知从哪里来了那么多的自信，重新站起身来，径直走向那辆自行车。

“摔倒”、“以失败告终”、“无动于衷”等词让人体会到作者初次学车遇到挫折时的沮丧。

扶起车把，踏上脚踏，再次骑行……啊，车又歪了，来不及了，又跌倒了。不要紧，再来，有道是“失败乃成功之母”。男子汉，流血不流泪。以后的几天里，一次次跌倒，一次次爬起，一次次进步，骑车的感觉慢慢找到了，我的信心也逐渐倍增，那自行车好像也感觉到我不服输的韧性，当我再去骑它的时候，我突然感觉可以驾驭了。就这样日复一日，经过不间断的练习，我甚至可以撒手骑自行车。而这一切一切的改变，真的要感谢妈妈那一声声蕴含着关爱、蕴含着鼓励的掌声。

“一次次跌倒，一次次爬起，一次次进步”，我们感受到作者那不服输的韧性，为后来的成功埋下了伏笔。

举起双手，对击而响的掌声，可以激励和改变一个人。只要人人都献出自己的掌声，世界就会变成美好的人间。

老师点拨

意味深长的结尾，表达了小作者通过这件简简单单、普普通通的事例，对掌声的深刻理解与体会。

作品简评

“只要人人都献出一点爱，世界将变成美好的人间。”《爱的奉献》这首歌给我们诠释了人与人相处的时候，爱的传递的必要性。有时候，一个眼神，一句问候，其实都是爱的表达。小作者通过母亲极其平凡、普通的掌声让他深受鼓舞和感动，进而找回自信的学车事例，表达了他内心对用掌声来传递爱的理解。

指导老师　孙步超

作者引读

3. 砍价的学问

“纸上得来终觉浅，绝知此事要躬行。”

砍价，顾名思义就是把价格给降下去。很多人觉得砍价是件很平常的事情，而我却觉得砍价又是一件有点学问的事情。砍价的时候，买卖双方你一句我一句的讨价还价，就像两个人在辩论，让自己的观点更有说服力。

我也是一个砍价小能手，所以我妈每次上街去shopping都会带上我。因为我既会打“可怜牌”，又会打“萌宝牌”。哦，忘了告诉你，我的家人可基本上都是“砍价能手”呢。我玩的花样多，在砍价的时候还时不时放出一张“可怜牌”使对方无招架之力，所以我又被

作者自悟

我引用“世事洞明皆学问，人情练达即文章”这句经典，概括了自己对社会生活的初步认识。

文中使用“shopping”、“萌宝牌”、“花样砍价小能手”，是不是给人以时代气息呀，我可是与时俱进耶！

称为“花样砍价小能手”。正所谓“见其子必知其母”。我这些招数都是跟我妈学的。我妈被称为“花样砍价高手”,我姐和我爸是一派,他们都是直接派,他们购物砍价的策略就是买家报出一个价格,看店方卖不卖,不卖就走人,顶多再加一点价格,也是可以成交的。

好了,话不多说,我和你们分享一下我们家砍价的一个情景吧。记得有一次“五一劳动节”,我和姐姐、妈妈一起去汇通商城 shopping,我姐看中一件衣裳,试穿了一下,挺合身的,就打算买。我姐问:“多少钱?”卖家回应:“60 元。”“30 元吧,卖就卖,不卖算了。”“哎哟,你看这布料那么好,45 元行吧?就当批发时给你带一件,不赚钱了!”“不行,就 30 元,不卖就算了。”说完,我姐转身走开。卖家在后面喊:“唉唉,不赚钱卖给你,别走啊。”我姐面带微笑地对我说:“看到了吗?学着点。别一买东西就在那边卖萌,你这样搞得我都不想再买东西了,听见了吗?”“哦……你不能这样说我,有的时候卖萌是很重要的。”“哦?那你举个例子给我听听。”“哦……”“举不出来了吧。”“呵呵。”姐姐到那家店把那条裙子以 30 元的低价买了下来。她在我心中的“砍价排行榜”的位置又上升了一步。毕竟把一件物品的价格直接砍去一半,也是一件很不容易的事情。我一直觉得,这种事情除了在重大节日,一些比较大的商家会打五折,没想到我的姐姐竟然人为把价格砍到一半,真是不容易啊!我对姐姐的佩服程度也就更深了一步。后来,我和姐姐在一起交流时得出一个结论:在商场以外的小商铺买东西时,可以先把卖家的报价拦腰一斩,也可以适当再压一点价格,看卖家的反应,如果不卖,立马慢慢走人;如果卖家喊你留步商量,表明你出的这个价格基本就可以拿下。如果卖家听你报的买价,态度冰冷,你走人后还不理不睬,说明报价偏低

作者自悟

你一句、我一句的互相要价,可是我亲临现场的所见、所闻。在这里,我尽量用人物的对话描写,表现出人物的内心所想。

做好一件事,贵在不断总结,文中的结论可是我实践的成果欧!好东西当然要大家分享啦!

了,这个买卖是不会成交的。如果看到中意的物品,适当再加一点,说不定还有挽回的余地。

其实,我觉得砍价挺好玩的,大家也可以试一试。光理论没有用,还要自己去体验每一次砍价的过程,如果人人都学我们,我想商家的头可就大了。

作品简评

本文所述的个人砍价"技巧",你学会了吗?我想和小读者们分享的是,在日常生活中,其实砍价并不难,只要找到相应的方法,购物花出的冤枉钱就会大大减少。可在砍价时,如果降多了,卖家会说你太抠了;降少了,卖家会说你傻瓜一个,所以说该降的时候就得降。当然,如果你也想学学砍价,可以试试文中的招数哦!如果你是一个"豪爽"的有钱人,不屑于砍价,那商家肯定会笑脸相迎了。

4. "撕名牌"真够嗨

娱乐节目《奔跑吧,兄弟》中有一项游戏叫"撕名牌"。这项游戏可是每一个"跑男"的噩梦哦!可在我们的课间活动中却是极其好玩的游戏。

有一次课间,我的"班长大人"拿出一张名牌,贴在了我的后背,简单地说明游戏的规则后,我们就开始玩"撕名牌"游戏喽!虽然我的单独作战能力较强,但是如果一大群人追着我,我就只能望风而逃了。有句话说得好"团结力量大",于是我就和我的一个"兄弟"结盟。他的奔跑速度非常快,但是冲击力量不大,所以只能由我去撕别人,当他和对手纠缠到一起的时候,我再去下黑手——撕掉对方的名牌,就这样我们

作者自悟

我在选材时用娱乐节目中流行的"撕名牌"游戏,目的是想让小伙伴们眼前一亮,兴趣大增。

从课间的"撕名牌"游戏中我明白了:团结力量大,集体的力量是无穷的道理。

竟撕了十余人。这时有一个强悍的对手向我们下挑战书，但是他要求一对一。我心里想：我有那么辉煌的战绩，难道还怕你不成？不过他的战绩也是非常骄人的，仅凭一人竟撕下了四人。他看到我有如此辉煌的战绩竟然不怕我，这让我感到了一丝恐惧。不过，就算我撕不过你，我的兄弟也会在你把我撕掉的那一瞬间，再把你撕掉。想到这里，我就不怕他了。追逐中，他的手快碰到我名牌的时候，我用手挡开了。接下来我凭借超强的弹跳力，瞬间用手触摸到他的名牌，他也非常机智地顺势往下一趴，把我的这番攻击化解了。我又用双手握住他的双手，凭借蛮力把他逼到墙角，再用一只手控制住他的双手，用另一只手伸到他的背后，揪着他的名牌用力去扯，可是他却挣脱我的双手，再顺着我撕的方向一转圈，我竟然没撕下他的名牌。嗨！不愧是高手。我继续用同样的战术，使着蛮力。刚要撕到他名牌的时候，上课铃声响起来了，他竟然在我放过他的时候，从我背后撕下了我的名牌，太卑鄙了！还好我还有一张名牌。我暗下决心一定要撕掉他的名牌。

“叮铃铃……”下课铃声响起了，又要开战了。这次我要运用一招制胜的战术，我和盟友商量好，由他先去撕对手，我再从背后发起突然袭击。我悄悄从后门出去，绕到他的背后，这么好的机会，我怎能错过呢？他的结局当然可想而知了。

“撕名牌”是我目前最喜欢的一个游戏，等我长大了，我想我还会玩这个游戏的！

作者自悟

在这段文字中，我想表达的就是做任何事都是有技巧和策略的，“撕名牌”游戏也不例外哦！

从“挡”、“趴”、“握”、“逼”、“扯”等一连串的动词，看出我的骁勇善战了吧？

“撕名牌”在我们学校一直流行着，可以说是我们目前百玩不厌的课间游戏，它不仅靠力量，更重要的还有战术！

作品简评

跟随大众娱乐的潮流，我将现在社会上较为流行的成人及青少年喜闻乐见的“撕名牌”游戏，通过我自己的切身体会，真实地再现了游戏中的团结协作、斗智斗勇，相信大家会有身临其境之感。你们是不是有一种想加入游戏的冲动？来，一起继续玩吧！

5. 胖子的苦恼

作者自悟

我不仅是一个小胖子，还是一个“小吃货”呢！至于为什么叫吃货，那是因为我吃东西的时候，不但不挑食，而且还会去品评呢。

正是因为我从小到大吃得多，所以才储备了一身赘肉，平时走起路来，总觉得摇摇晃晃的，而且两三层楼梯一爬，我就气喘吁吁了，还有就是衣服不太好买，即使勉强买到的衣服，穿在身上也不怎么合身……记得小时候，我也算是一个萌萌哒的小孩子呢，可惜啊，小时候的俊不代表我长大后会帅。要是我能回到唐朝那个以胖为美的时代多好啊！以我现在的颜值绝对可以迷倒一些青春美少女了啦。但时代不同了，社会进步了。当今社会，可不是以胖为美，而是以瘦为美。而我们这些胖子就倒霉了，不可能成为型男了，还会被女生歧视。我也想减肥，可是有句话说得好：“减肥不是你想减就能减掉的。”而且胖子一般都很懒，原本制订好的减肥计划，也常常因为自己不够坚强的意志而夭折。

走路摇摇晃晃，气喘吁吁，衣不合身……足以让大家感到胖的痛楚了吧？

想想唐朝是以胖为美的，如今时代发展了，社会进步了，美的评价标准也随之改变，对我们胖子而言，真是不“公平”耶！

那么，我现在就为你们讲讲我的减肥之路吧。我的肚子有点大，老妈说我像怀孕，而且给人感觉有五六个月了。四年级的时候，我就想把我这一身的赘肉减掉，所以每天绕着我家附近的小花园跑三圈。第一天的时候我充满激情，第二天信心残缺，到了第三、四天我就力不从心了，再也不想跑了，但为了瘦我还是忍了。到了第五天，我就放弃了，赖在床上睡起了懒

从决定减肥的“充满激情”到“信心残缺”，再到最后的“力不从心”，是我当时的真实心境，可能很多同学都有类似的经历和感受吧！

觉。因为我没有坚持锻炼，所以身上一斤肉也没有减，反而与日俱增。唉！体重一百多斤，非一日所长，也非一日可减。我虽然知道这个道理，但我是一个急性子的人，不可能对一件事有长久坚持的恒心，这是我的缺点。今年暑假原本说好去学跆拳道，两个月的时间，前一个月我都忘了我是因为什么而没有去练跆拳道。到了8月初，那天我和妈妈出去散步，路过一家跆拳道馆，妈妈问我："你不是要练跆拳道的吗？这边就有，你要练的话，就在这里报名练吧。但是说好了，我替你交了钱，你就要好好去练，每一天都不能不去，你先好好想想。"我左思右想，最后我还是暗暗做了决定——不报了。

于是乎暑假的第二个月，我既没有坚持跑步，也没有报名去练跆拳道，看来我升入初中前都不会减掉我身上的肥肉了。

肥肉是会呼吸的痛，它占据着我身上的每个角落，吃披萨会痛，连喝水也痛，肥肉真的有可能是我今生最大的痛，我该怎么办呀？

作者自悟

说真的，妈妈在和我商量叫我参加跆拳道训练以此来强身健体特别是用来减肥的时候，我还是有畏难情绪的，也许是因为胖而怕动的缘故吧！说到底，还是意志不够顽强，怕吃苦。

作品简评

"唉，肥肉是会呼吸的痛，它占据着我身上的每个角落，吃披萨会痛，连喝水也痛。"肥胖的痛苦真的是非胖子所能理解的啊！可是呢，胖子的"成就"绝对不完全是本身的问题，除了管不住自己的嘴，还有就是遗传的因素啦！嗯，一定是这样。在美食面前，小孩子的自制能力很差，见到好吃的东西怎可能忍得住呢？不然我怎么会这么胖？呵呵！

读者评读

读者发现

6. 开心小才子

在我的身边有一个品学兼优并又天天快乐的神童——李露佳。

他是我的好哥们，长着一对高高翘起的眉毛，大概是平时爱思考的原因吧，一双小小的眼睛总是散发着智慧的光芒，一张大嘴巴总是爱说一些搞笑的话，每一个和他一起玩的朋友，都会跟着他开开心心地笑。他经常会说看到别人快乐，他也快乐，可是被他说到的人就不一定开心了。

有一次他问我：“嘿，你怕僵尸吗？”我说：“怕啊，怎么了？”“没关系的，僵尸很喜欢吃人脑的。像你这种连脑子都没有的人，僵尸是不会吃你的，甚至连看都不会看一眼的。”从这短短的几句话中的逻辑可以看出李露佳的反应之快，说话之“毒”。我们有的时候都叫他“鬼才”，呵呵！

当然，李露佳在语文学习方面有着超强的能力，对语文知识的理解有着很高的悟性，对写作也有着浓厚的兴趣。

还记得，有一次作文课上老师让我们写一个半命题作文：“_______悄悄流行”。大家都埋头冥思苦想了好一会，发现还是难以下笔，便将目光投向了我们班的“小才子”身上。只见他的笔不停地运动着，大家翘首以盼的眼神令他感觉到背后一阵发麻，便问：“怎么了，都瞅着我干嘛，莫非被我的美貌帅倒了？”“滚，就你长成这样子，连我们颜值的一半都没到，还好意思炫自己‘美貌’？”“好吧。那你们都瞅着我干吗？”“教教

读者发现

我们这篇作文该怎么写。”“哦,这篇文章要认真审题,要多想想生活中哪些东西普及比较快,或者想想媒体上报道的哪些方面比较多一点。比如,‘撕名牌’、玩微信……”“原来如此。”“叮铃铃……”下课时间到了,身边的每个人按照李露佳说的思路去列提纲、打草稿。看着自己比较满意的草稿,人人心情开朗,个个笑逐颜开。

小才子李露佳不仅作文写得好,还有一个真正让他成为我们心中语文才子的原因是,他连续四次夺得班级语文学科分数第一,老师都夸赞他说:“连续两次分数居第一就已经不容易了,更何况连续四次,你可真是个‘语文神童’啊!”

就凭这些事,我就觉得他那“开心小才子”的名号实至名归。

7. 春节乐

读者发现

在中国人的日常生活中,一年里会有许许多多特有的传统节日,如春节、元宵、清明、端午等。在这些节日当中,我最喜欢的莫过于春节了。

为什么我偏偏喜欢春节呢?因为在春节里每一样习俗都是极具中国特色的,并且都是我所喜欢的。

喜做“弯弯顺”——水饺

先说吃饺子。饺子是中华民族具有代表性的食物,也是我最喜欢的食物之一。饺子的外观就像一个长长的元宝,所以饺子也被称为“长元宝”。

以前我吃饺子都是等姐姐和妈妈做好了,我直接去吃。可今年,妈妈却说:“儿子,你每年都习惯吃现成的,今年也过来和我们一起包饺子吧。”

“啊?我不会啊!”我诧异道。

“我可以教你啊。”

“哦……我先去一下厕所。”

“你啊,真是懒驴上磨——尿屎多。”

上完厕所后,我心想:该怎么办才能躲过呢?哦……嗯……怎么办,想不到啊!算了,是福还是祸,是祸躲不过。还是正面面对吧。“老妈,我好了。”“哎哟,不错啊!今天这么勤快啊。”“那是,你儿子是谁!”我笑脸回答说。“来,先用筷子夹一点菜放入饺子皮中……”“好啦,这些我都会,我在你们后面照葫芦画瓢就行了。”“真的?”我满手面粉,黏黏糊糊就学着妈妈先做出了几个“四不像”,渐渐地,我越做越好,终于做出了几个规规矩矩的“长元宝”。看着自己的作品,我不禁欣喜若狂。可是我觉得做饺子太慢了,而且有些难,于是我悄悄改变主意,偷偷做了一个用饺子皮包的包子,我发现包子比饺子做起来容易得多。妈妈看到我在做包子就说:“你喜欢做什么就做什么吧。”得到妈妈的鼓励,我胆子更大了,信心更足了。于是,我就像捏泥塑一样把我喜欢的小猪、小羊、小狗等小动物全部做了个遍,看着它们粉墨登场,我心里别提多兴奋了。

喜拿大红包——压岁钱

在春节,还有一个孩童们都喜欢的习俗——讨压岁钱,这可是特别重要的事情,是他们欢呼雀跃的日子。这一天,孩子们只要对长辈说些祝福的话,就可以理所当然地拿红包,如对老长辈可以说:“祝您福如东海,寿比南山!”然后,大大的红包就会出现在你的面前。这时候你可不要忘记说声“谢谢”啊!我每年讨完压岁钱后，都会被妈妈全部收去，以前我太听话了，都如数上交，现在我"懂事"了，一分都不给，任由自己支配。哈哈，不管你说什么，我就是不给。

喜放"啪啪响"——烟火

在春节中除了做饺子，讨红包，还有一个就是放烟火，这可是我们小孩子热衷于干的事。当我用打火机点燃了彩珠筒上的引线，不一会儿，那只彩珠筒里先喷出了黄色的火花，又过了一会儿，彩珠筒里又喷出了一个金色的大圆圈，那圆圈升到半空中，"啪"的一声变成了一朵又一朵美丽的菊花。接着，彩珠筒里又喷出了三个脸盆大的圆圈，中间的圆圈一升空就开了花，旁边的两个圆圈继续升上天空，慢慢地它们也放出了一朵朵小花。不知不觉中，这一个烟花放完了。接着，我将"小蝴蝶"放在地上，引线一点，小蝴蝶在地上飞速旋转起来，并且慢慢飞了起来，一阵绚丽多彩的火花伴着一阵阵青烟，不断地随着烟火闪动着。

春节让家人的心更近了，也让人们的心更暖了，这又是新的一年，我们又长了一岁，更独立了一些。春节真美好，盼着下一个春节的到来！

读者发现

8. 孙子"吃"法

读者发现

今年暑假，我的妈妈买了好多好吃的。作为一名吃货，若是不会耍几招"吃"的招数，怎能吃到美味可口的零食呢？如果在场也有吃货的存在，那不妨看看我用的招数吧！

读者发现

No.1借刀杀人

一天，表弟到我家来玩，而我妈妈因为有事出去了，我的肚子又开始“咕咕”地叫了起来。我快速运转超级大脑，不过3秒钟，便想出了一个好主意。我一脸坏笑来到表弟面前，表弟看我如此走来，瞬间把遥控器抱在怀里。“表弟……”未等我说完，表弟便抢先开口道：“不给。”“表弟，我不要你的遥控器……”又未等我说完，表弟又说：“不行，我是绝对不会让你把动画片换成电视剧的。”“表弟，听我说。”“哦，我又不是没有听你说。”若不是现在有求于他，我肯定会把他的屁屁打开花。虽然我很气愤，但还是甜甜地说：“表弟，你想不想吃零食啊？”“想！”“但你要是想吃的话，要答应我的一个条件哦!”没想到我表弟也是个吃货，居然连想都不想就答应下来。“听好了哦，我的条件就是如果我妈妈一会儿回来的时候，问我是不是我叫你吃的，你就说不是，是你自己要吃的。而且，表哥我还阻止过你呢。听明白了么？”“嗯嗯。”我可怜的表弟啊，就这样被我“利用”了。我带着表弟去妈妈秘藏零食的基地，把将近总数四分之一的零食给吃了。老妈回来后问的问题和我预想的几乎一模一样，就这样，我不费吹灰之力既吃到了零食又毫发未伤，我真的是太聪明了！

No.2 顺手牵羊

午饭过后，爸爸妈妈还有表弟都去午休了，只有我睡不着。我在床上一会儿趴着，一会儿左右不停地翻滚着，反正就是睡不着。我思前想后，决定还是再去吃一点点零食吧。想到就做，不过零食在妈妈的房间里，为了避免发出较大的声音，我只能穿袜子了。我轻轻转动房门的把手，唯恐有一点声音，所以我的动作十分小心，但最后一下还是觉得声响偏大。我悄悄把头探进房间，见爸爸妈妈并没有发现。我就进去了，为了不让爸爸妈妈一睁眼就看到我，我就像一只小壁虎似的，贴在地板上爬着。我悄悄地拿走了几包零食，鬼鬼祟祟地溜到了自己的房间，没到一分钟我就把零食吃完了。虽然还想再去，不过我可是有贼心没贼胆了。

No.3 瞒天过海

这招只能在家里人在的时候用了，我先偷偷地拿上几包零食放到书包里，再以找同学交流请教作业什么的为理由。然后，我就可以在外面把零食吃完或者去同学家一起吃。但我选择的是到同学家，因为到了同学家我就可以痛快地销毁证据啦。在同学家我津津有味地吃着，吃了一包又一包。我的同学也眼馋了，也要吃我的零食，我当然二话不说和他分享。吃完后我的小嘴旁边沾满了零食的油渍，为了不让爸爸妈妈发现我吃了零食，我认真地把嘴擦干净，又反复漱了漱口。回到家里，我的爸爸妈妈也没发现什么就让我看书学习去了。

怎么样？三十六计，我是不是学以致用啊？

9. 未来之家

2022 年，擅长发明的我开发制造的能够在天上、陆地、水中任意穿梭的房子将隆重推向市场发售。

该房拥有“语音智能操控系统”，使用我公司研发的“房子”，只要进行简单的视频培训就能轻松操控。当你走进房子，看到里面的陈设尽管很简单，但只要你任意说出需要的一样日常用品，那件物品就会出现在你的面前。比如你说“床”，一张既舒适又宽大的床就会迅速出现在你的面前。在书房里设有一个秘密房间，就是房屋的操控室，里面装载了整个房子的操作系统。用上这个操控器可以让房子瞬间变成飞机、潜水艇、汽车。如果你在行进中遇到了危险，房子还会自动开启保护系统，房子的外面会形成一道红色的保护圈，遇到任何障碍物都会紧急避开，房屋不会受到任何伤害。另外，房子还会自动隔离一切外在的辐射源，特别是地球上日益增多的雾霾，很有利于你的健康呦！

如果你想到水里玩一玩，可以按下“潜水艇”键，房子就会变成潜水艇，到达大海深处。从窗户望去，你会发现海底五光十色的鱼儿，它们摆动着尾巴，无忧无虑地游着；憨厚的海龟，在水里笨拙地游晃；凶猛的鲨鱼，在虎视眈眈地寻找着猎物……如果你想体验一下飞翔的感觉，按下“飞翔”键，房子就变成了飞机，那一刻你会像小鸟一样，无拘无束、自由自在地在空中飞翔，陡然间你会有成为空中主人的感觉。

悄悄告诉你，在我设计的房子里还有一台时空穿梭机，它会将你带回到已经过去的时代，但是你不可以穿越到你曾经经历的时间，不然会造成时空混乱。我设计的房子不需要汽油作为动力，只要借助太阳能、风能、可见光自动补充能量就可以了，房子所用的动能取之不尽、用之不完。

怎么样，这样的房子是否值得你的期待呢？投入市场的话估计会供不应求噢！欢迎拨打 188868688 速来订购吧！

读者发现

10. 小小清洁工

今天,我要介绍的主人翁——她们的外在美虽不是“沉鱼落雁”,也不是“闭月羞花”,但她们的内在美却是纯真的、无瑕的。

在我升入五年级的第一天,正是班级干部席位的安排日。如果我有意愿的话,向老师毛遂自荐或者请同学推荐,应该是可以在班级中谋到“一官半职”的,可是我倒觉得“无官一身轻”,当了班干部就像无形中被一道道枷锁困住了一样,本来开朗的性格多少会受到压制。(其实未必,就是自己懒而已,嘻嘻!)

在很短的时间里,所有的班干部席位在班会课上被班主任老师选定了。接下来就是关于卫生保洁的问题,一周五天每个人都有事情要干,可最后还剩下三个人没有劳动任务,那三个人以为自己不用干活,便在心里暗喜,可是他们却没想到自己有比别人多几倍的工作量。班主任老师发话了:“接下来三个人,个子最高的人擦黑板(当然是一学期),剩下两名女生每天去捡教学楼前面柏油路上的垃圾。”听到这句话,我不禁暗笑,还好我不是剩下的,毕竟我在每个星期只用值日一天,而她们却是天天有活干。当我转头望向她们时,她们的脸上并不是我想象中的愁眉苦脸,而是淡然地听着老师的安排,我真想钻进她们的脑袋,看看她们真正在想什么。接下来的日子,我在早晨都会看到这两只辛勤的“小蜜蜂”在清洁区捡纸和保洁,不过我对这却不以为然,这只是“新官上任三把火”,三把火烧完了也就不会这么认真了。可是,随着时间一天一天地过去,那两名女同学还是和往常一样,我对她们的看法从心生怀疑到理所当然,再到无比佩服,不管我的看法怎么变,她们对这项工作的认真程度一直未减。

直到有一天,我实在按捺不住自己的好奇,在下课的时候问她们:“为什么你们不觉得每天去捡纸枯燥反而开心呢?”她们笑着回答我:“因为这项任务可以促使自己天天都早早到校,如果前一天晚上有不会的家庭作业还可以请教同学,还有就是我们的劳动保证了班级清洁区的卫生和学校的整洁,我们感到很开心!”

直到今天,我终于明白了其中的“真相”,要想让一件枯燥的事情使自己不觉得厌烦而感到开心,有时候换一种思考问题的角度是很有必要的。

读者发现

陈天艺

江苏省淮安市纪家楼小学

作者名片

嗨，大家好！我是淮安市纪家楼小学六年级(1)班的陈天艺，我是一个充满自信的阳光女孩。

我喜欢画画、读书、做手工、旅游。我性格开朗，活泼热情，善于交朋友，谁有困难我都会主动去帮助她。我每个周一都会为同学们服务，发现小问题马上指出来，让相关同学改正。我从不因为工作而感到累，我为大家服务，感到很快乐，“赠人玫瑰，手有余香”，带给别人快乐，自己会更加快乐！

我的理想是当一名儿童作家，写好多好多有意思的故事给小朋友们看。我知道要想实现自己的理想就要付出努力，所以现在我要努力学习，多读书，拓展知识面；多练笔，提高写作水平。“读书破万卷，下笔如有神”是我最喜欢的一句话。我坚信“才气是坚持写作的结果”，为梦想加油！

老师荐读

1. 乐游黄山

俗话说得好：“五岳归来不看山，黄山归来不看岳。”足见黄山的景色多么令人流连忘返。在满满的期待中，我开启了难忘的黄山之旅。

早上6点钟，大巴车载着我们驶向了环山公路。道路陡峭，我有一点紧张，爸爸好像看出了我的不安，握了握我的手：“别紧张，你看看路边美丽的景色。”听了爸爸的话，我开始静静地凝视着山坡上的竹林，惊叹于黄山竹子的繁茂苍翠。那层层密密的竹叶，成团成团的，远远望去，就像迷人的卷发。我的心情逐渐舒爽起来，那满眼的翠绿仿佛注入了无穷无尽的生命能量，更加迷人。突然，车里的一个男孩儿惊呼：“好美！”原来是一座山头露在空中，以下的部分被纯白的云雾包裹。这种感觉，应该就是仙境了吧！满车乘客都被景色打动了，啧啧赞叹。

到达了目的地，我们乘坐索道上山，坐在缆车里俯视着一座座山峰。兴奋、紧张、担忧，种种情绪一齐涌上心头。走下缆车的那一刻，我如释重负地舒了一口气。接下来是对大家体力的一个考验了。我们一边攀登，一边欣赏黄山风光。

经过一番艰苦努力，我见到了名满天下的迎客松和送客松。迎客松伸展着枝条，张开双臂，在欢迎游客的到来。

一路欣赏了许多奇异巨石的组合。有的形如拇指，有的状如手掌，有的宛如巨笔，有的好似莲蕊。“犀牛望日”、“龟鱼争松”……令人叹为观止，目不暇接。

老师点拨

以诗句引入，既点出了黄山景色的引人，又呼应了下文“满满的期待”。

“就像是迷人的卷发”写出了竹子的形态美，“仿佛注入了无穷无尽的生命能量”写出了黄山翠竹的勃勃生机。

到了，前面就是一线天了，这时导游问大家："有一条路比较平缓，大家还走不走一线天？""当然要走。""是呀是呀，快走吧！"起初台阶有一米宽，可以直着行走，慢慢地，不到一米，要躬着身子前行。我看见两座山峰之间有一块石头，我深深地感受到"一线天"这个名字的形象。这最后的几十级台阶，即使躬着身子也觉得不安全了，大家干脆以爬的姿势向上攀登，小心翼翼的，我的心仿佛已经不在胸口了。这真是一次前所未有的惊险体验啊！

老师点拨

爬山的动作、内心的恐惧侧面衬托出"一线天"的惊险，读来令人感同身受。

登上山顶以后，我们徒步下山，走了三个多小时的山路，我虽然已经精疲力竭，但内心却是满满的喜悦。

坐在车上，回想着这一天游黄山的经历，我情不自禁地微微扬起了嘴角。

作品简评

小作者按游览线路的顺序生动细致地描写了游览黄山的过程，着重描写了自己的感受，辞藻丰富，文采飞扬，极具感染力。更为可贵的是小作者能够通过环境描写来衬托人物心情，营造出轻松愉悦的氛围，情景交融，情现景中，景随情现。

指导老师　韩丽娟

2. 我的引路人

在成长路上，老师的循循善诱让我掌握了丰富的知识，妈妈的谆谆教诲让我领悟了做人的道理，同伴的热心相助让我收获了珍贵的友情……想起他们，我内心充满了感激。可是我最想感激的还是我的爸爸，他拓展我的数学思维，让我领略了数学题的妙趣，受益

老师点拨

"对比"，让爸爸"引路人"的身份更吸引读者，为下文写"我"对爸爸的感激做足了铺垫。

于数学思维的严谨。他是我走向数学王国的引路人。

自从我上一年级，爸爸每天除了帮助我巩固书本上的知识，还领着我钻研奥数题。那一道道难题，经过他绘声绘色的讲解，一下子变得浅显易懂。每次讲完题，爸爸都要考考我，让我再讲一遍。倘若有不满意的地方，他会立刻严肃地提醒我。当时，学校会发《小学生数学报》的读物。爸爸每次都给我讲上面的故事与题目。爸爸常对我说：“手越用越巧，脑越用越灵。遇到问题积极开动脑筋思考，你的思维能力就会越来越强。任何事情都是熟能生巧，学习数学也不例外，多做题可以提高你的解题速度。所以，你要和勤奋交朋友。”

有时题目实在太难，我绞尽脑汁也毫无头绪，急得就像百爪挠心，就央求爸爸给我讲讲思路。可这时候爸爸态度坚定无比，不管我怎么说，他的回答都是：“自己思考。”一开始我不明白爸爸的良苦用心，心里很生气。当我自己想出了解题思路时，我才感受到爸爸的心意。在爸爸的严格要求下，我遇到难题从不轻易放弃，一直钻研到解出为止。教过我的老师都夸赞我爱动脑筋。听到这样的称赞我就会想起爸爸。

做数学题我从不推让，小学六年每学期都坚持做完一本练习题。钢梁磨绣针，功到自然成，我的数学成绩一直比较优秀。我对数学的兴趣也越来越浓厚，每当拿到《小学生数学报》，我会在第一时间如饥似渴地阅读。对于我来说，它就像一盘美味可口的蛋糕。

爸爸，感谢您严格的要求，感谢您亲切的鼓励，感谢您耐心的陪伴。

老师点拨

语言描写表现了爸爸对“我”的严格要求与殷切希望。

在爸爸的教育引导下，“我”已经养成了爱动脑、肯钻研的好习惯。

作品简评

小作者先是总写爸爸对“我”数学学习的引领，接着具体写了爸爸为“我”讲题，鼓励“我”勤奋练习、努力思考，让读者感受到爸爸辛勤的付出和智慧的引领。最后表达了对爸爸的感激之情。整篇文章紧紧扣住题目来叙事，中心明确。

指导老师　韩丽娟

作者引读

3. 虾　趣

小虾儿，身子是透明的，眼睛又圆又黑，小小的却十分灵活。几根比线还细的胡须，慢慢地上下摆动着。好像只要轻轻地一碰就会断掉似的。胡须下面有一对小巧的小钳子，样子就像一个“丫”字。别看它很小，夹到手可是很疼的。小虾儿的下面长着密密麻麻的腿。小虾儿游泳时，腿就转得飞快，就像世界上最古老的火车开动时的车轮一样。

作者自悟

细致的描写来源于精心的观察，抓住“虾”的细小特征，按一定的顺序描写它的外形。

小虾儿的头顶有一团“黑点儿”，黑点越黑，就表示越有活力。我的这只虾，头上的黑点黑得不能再黑了，它充满了活力，不停地跳到水外面，我只好不停地把它送回水里。

当小虾儿准备跳出水面的时候，只见它把身子弯得像一个上了年岁的老婆婆。弯腰驼背，身子下方的腿也飞快地转动起来，后来身子弯得越来越厉害，腿也动得越来越快……只听“嘣”的一声，小虾儿一蹦三尺高，越出了水面，落在了地板上。虾是喜欢嬉戏的，常常两个两个地在一起，互相用钳子逗着玩。虾在前进的时候，伸直了两个钳子，当它遇险迅速后退的时候，两只长长的钳子就缩起来了。

眼睛就像摄像头，抓住“虾跃水”的画面，写出了虾当时跃水的情境，显得生动活泼。

虾吃食时很小心，总是先用钳子试探性地捏一下，然后后退两步，接着再捏，再后退。最后，它认为完全没有危险了，才大胆吃起来。

这就是我家的虾，一只可爱的虾，一只有活力的虾，一只聪明的虾……

作品简评

写这篇文章时，我想到了齐白石爷爷画虾的故事，正是因为观察细致入微，齐白石爷爷才能把虾画得很传神。留心观察后，我发现再寻常不过的虾，原来是那么可爱、聪明，有活力。看来，只要乐于探究，就能将熟悉的事物写得栩栩如生。

4. 码头情韵

作者自悟

文题就是文章的眼睛，用“情韵”作为题目是为文章散文味定下基调。

码头镇是一个有着浓厚历史底蕴的乡镇，也是妈妈的故乡。我在那儿度过了孩提时光，所以对它有着深厚的感情。

提起码头，大家应该会想到一位英勇无比的将军——韩信。

码头有许多名胜古迹。瞧！这是钓鱼台，那是漂母墓。看！那是胯下桥，这是韩信湖……这些地方都与韩信有关，在码头镇长大的孩子，可算得上是听着韩信的故事长大的。

听韩信的故事，并用简短的语言写下来，想让读者通过我的叙述走近韩信，走进码头。

在碧波荡漾的韩信湖的东南角，有一座拱形石板小桥，那就是胯下桥。姥姥带我走胯下桥时，就给我讲起了那一段动人的故事。少年时的韩信漂泊在淮阴大街上，一天一位富家子弟拦住了他，并当众羞辱他，说道：“你的胆子要是大，就从我的胯下爬过去；你若不爬，就是一个胆小鬼。”韩信望着这无赖好半天，居然爬了过去，旁边的围观者都嘲笑韩信。后来，那里竖起了一根高大的石柱，上面刻着“韩信胯下受辱处”。后来，韩信发达了，原谅了那位富家子弟，还封他做了一个官。

听得多了，以至于我现在仍能娴熟地讲起《胯下之辱》的故事。当然还有《漂母饭信》。漂母是一位普普通通的妇女。她为谋生糊口，经常携带着一群妇女在淮水边漂洗丝麻。韩信常常在水边垂钓，一天，他突然饿晕，被漂母救下，吃了漂母十日饭。后来，刘邦得了天下，封了韩信一个官，韩信回来准备报答漂母的救命之恩，谁知漂母已经去世了，韩信就为漂母造了一座高大的坟墓。漂母墓是码头保存最为完好的历史古迹。

码头是一个复古的乡镇。在多年来的建设中，统一兴建了“仿古一条街”，所以街上的楼房都是仿古建筑。那一排排青瓦白墙，点缀着马头墙的楼房，颇有徽派建筑的风采。在镇西部有一个龙亭，古色古香，独具韵味。

镇上，逢年过节，街上人山人海，热闹极了！每逢这时，姥姥就会牵着我的手，从街的东头一直逛到西头。红艳艳的糖葫芦，香脆脆的茶馓，油滋滋的肉串，甜津津的糕点，可都是我百吃不厌的美食。

码头最出名的美食就是汤羊肉！汤羊肉和人们常见的羊肉汤是两回事。羊肉汤是以汤为主；而汤羊肉是汤、肉并美。

码头的故事、码头的景致、码头情韵，悠悠绵长……

作者自悟

写家乡的美文，离不开家乡流传至今的故事。我从小听故事长大，现在我把故事写进文章里，让更多的人读到它，让大家知道我的家乡，了解我的家乡，喜欢我的家乡。

作品简评

码头镇是我妈妈的故乡，我在那里度过了孩提时光，所以有一段美好的记忆。听故事、尝美食成了我儿时快乐的剪影。而码头这个古镇也承载了我浓浓的情韵。真正打动人心的文章有着鲜活的情感，希望我这篇文章能打动读者的心。

5. 校园的清晨

作者自悟

公园的清晨，是寂静的；菜市场的清晨，是闹嚷嚷的；而校园的清晨又是什么样子的呢？

“对比”是写作中常用的手法，能衬托校园早晨独特的一面，亦能成功吸引读者的眼球。

校园的早晨是快乐的，早上七八点钟的时候，太阳缓缓露出了她红红的脸蛋，把她的光芒洒向整个校园，顿时校园镀上了一层金黄的颜色，让这金灿灿的校园增添了一层神秘的色彩。不一会儿浓雾慢慢散开，校园马上就显得清晰明朗起来。这时，五颜六色的鲜花笑了，绿油油的小草醒了，小鸟站在枝头上开心地唱起了动听的歌儿，一颗颗晶莹的露珠从花儿的脸上、小草的身上滚落下来，就像一个淘气的孩子在滑滑梯，甭提有多开心了！在阳光的照耀下，露珠又像一颗颗光滑剔透的珍珠，光彩夺目。校园里顿时呈现出一派生机盎然、朝气蓬勃的景象。

校园的早晨热闹的，走进教学楼，同学们正在宽敞明亮的教室里学习呢。你看！他们有的手里拿着语文课本，嘴里喃喃地念着；有的捧着英语书，在默背单词；还有的三五成群地围在一起，热烈地讨论着习题……你听，教室里传出朗朗的读书声，这不正是同学们向未来前进的“脚步”声吗？

“校园”的话离不开景，离不了人，景生动，人灵动，构成校园温馨的画面。

校园的早晨像一串和谐动人的音符，更像一幅温馨秀美的画面。

作品简评

在别人的眼中或许我的校园很普通，但在我的眼中她是那么亲切、熟悉，我想用笔把她的不同姿态描绘下来。校园的早晨充满着朝气，洋溢着幸福的味道。

读者评读

读者发现

6.“陶陶”乐

早听别人说过做陶艺很好玩，可我从未做过，心里痒痒的。禁不住我的软磨硬泡，妈妈带我来到了“慢时光”陶艺屋。

一走进陶艺屋，琳琅满目的陶艺作品令我目不暇接。瞧，有造型古典优雅的花瓶，有精细别致的画作，也有小巧玲珑的陶瓷。因为是第一次做，我决定做最简单的杯子。开始做了，教我做的阿姨用竹刀切了一团泥给我，边指点边说：“首先，将泥巴搓成圆，接着把泥巴放到转盘上固定好。”我拿起泥巴，泥巴软软的，却十分有韧性。

我把泥巴放在手上转来转去，终于将泥巴搓成了圆，我把它放在转盘上。阿姨讲着我做着，“用大拇指在泥巴中间钻个洞”。只见她用大拇指钻了一个洞，使这块泥有了形。我也用大拇指钻了一个洞，可是怎么都没有形，只好请教老师。阿姨细心地教导：“就像包清明果一样，用两只手在洞里揉。”照着阿姨的方法，很快，我做出了杯子的基本型。下一步，便用到了铁片，我用铁片在杯子上刮着，使杯子变光滑，一个杯子的形状就呈现在我面前。

读者发现

现在，杯子可是什么图案都没有，就需要用模具来做出图案，在这一步上，我可是遇到了不少麻烦。陶泥较黏，用模具做出来的图案很快就会黏在桌子上，拿下来的时候容易损坏，一连好几次都是这样，还把衣服搞得一塌糊涂，真是“赔了夫人又折兵”，我非常懊恼。后来我试着用铁片，终于把做好的图案拿了起来，在后面加点水就能将图案粘在杯子上。

最后一步便是上色，用颜料和笔在杯子上上色，可我只上了一点点颜色。别看现在做出来的杯子和生活中的不同，等杯子烧过以后，便和我们生活中的陶瓷一样了。

这次做陶艺，我又结识了一种艺术，我感到无比高兴。

7. 浓香三明治

读者发现

“世上只有妈妈好，有妈的孩子像个宝……”这首《世上只有妈妈好》可能是所有孩子的共识。没有母亲的细心呵护，哪有我的健康成长？没有母亲的用心陪伴，哪有我的幸福生活？我是一棵小小的草儿，沐浴在母爱的阳光下茁壮生长。草儿也想回报阳光母亲的恩情。妈妈的生日快到了，我想送给妈妈一个特别的礼物。

送什么好呢？我拿起一支笔在手上转着，脑海里想着一样又一样的东西。一幅画？太土了。一张贺卡？没创新。一束花？过时了。终于想到了！妈妈偶尔会教我做饭，那就送我亲手制作的三明治。

为了给妈妈一个惊喜，我以买文具为由，从家中溜出来。在面包店买了吐司，又到水果摊买了需要的水果，然后打道回府。在回家的途中，路过一家卖口罩

读者发现

的摊子，想到妈妈前些天说口罩坏了，可最近太忙，都没有空去买。我走到摊子前面，挑了一个精美的口罩，那淡淡的绿色配上柔美的蕾丝，和妈妈气质很般配。一路上，我美美地想象着妈妈看到我送给她的礼物时的表情。我蹑手蹑脚地打开门，悄无声息地回到房间。关上门，躺在宽敞的大床上，沉沉睡去。

“叮铃铃……叮铃铃……”闹钟声把我吵醒了，我意识到已经是第二天早上了，全速穿好衣服，生怕吵醒妈妈，轻轻地打开了冰箱的门。我把昨天买来的水果洗干净，仔细地切成薄片。接着拿出四片吐司，分别写上“生”、“日”、“快”、“乐”四个大字，又拿出家中的康乃馨，剪下花朵，放在盘子中间。“滋滋”，原来是我煎的鸡蛋熟了，我赶忙用铲子铲起鸡蛋，撒上一点千岛酱和番茄沙司。我将做好的三明治放在桌子上，又把口罩压在盘子底下，留下一张字条：生日快乐！署名：猜猜我是谁？

我把东西放好，重新回到温暖的被窝里，美美地睡起来，想象着妈妈欣慰的笑容……

8. 摘火龙果

读者发现

火龙果是我经常吃的一种水果，可是摘火龙果确是大姑娘上轿——头一回。一个暖暖的午后，妈妈约了几个阿姨，带上我们来到淮阴区的刘老庄采摘火龙果。想到即将与火龙果进行亲密接触，一路上，可把我们兴奋坏了。

来到种植基地，走进温室大棚，一桩桩火龙果藤架上，茂密的青藤枝条四处攀爬，仙人掌状的枝条上挂着一个个紫色的火龙果，香气四溢。种植火龙果的

读者发现

伯伯告诉我们，火龙果是长在一种叫三角鞭的植物上。在地里立上一个水泥柱，火龙果的茎就会顺着柱子往上长，到了柱顶上的时候，就会长出许多像千手观音一样的三角鞭。三角鞭上有许多尖尖的小刺。我看见了一朵花，好奇地跑去问妈妈，妈妈说这是就霸王花。霸王花是白色的，花瓣又白又嫩，跟昙花的花瓣一样。霸王花的花瓣枯萎后，花蒂就会结出火龙果。妈妈又告诉我，红心火龙果不但好吃，还很有营养；不但有抗氧化、抗衰老的作用，还有良好的减肥、降血糖的功效。

在采摘之前，伯伯告诉我们，摘火龙果要用剪刀剪，这样才能保证果实的完整和新鲜。我们看到的火龙果一般都是椭圆形的，果实是白色中带黑子的。可我这次看到了特别的红色果肉的火龙果，吃起来还格外甜。根据伯伯教我的方法，我和小伙伴摘了满满一袋火龙果，虽然这时感觉有点累，但是想到今天意外的收获，心里却非常开心。以后有机会一定要带上我们班里的同学们一起来实践一下，让他们也和我一样体会一下摘火龙果的乐趣！

9. 秋，来了

读者发现

秋来了，她如同一位娴静的少女，步履轻轻地，缓缓地。

秋走到田野里。金黄色的稻子扭动着丰满的身姿，向秋打着招呼。头戴红发的玉米腼腆地向秋莞尔一笑。野菊花正和调皮的花蝴蝶在花丛中嬉戏，花蝴蝶一会儿从那儿飞到这儿，野菊花把头从那儿转到这儿，花蝴蝶又从这儿飞到那儿，野菊花就又把头从这

读者发现

儿转到那儿，野菊花好像知道被戏弄了，嘟囔着嘴。花蝴蝶看见了，就过来逗野菊花，野菊花不知怎地便咯咯笑起来。这时候，秋来了，她们向秋使劲地招手，秋笑笑。

秋走到果园里。果园里的水果早就听说秋来了，个个喜笑颜开。苹果看见秋，脸颊红红的；梨看见秋，特地换上一件新的黄褂；葡萄看见秋，羞紫了脸；柿子见到了秋，挂起了红艳艳的灯笼。

秋打开了农民伯伯的窗户，让他们看见田野中的稻子成熟了，看着农民们脸上洋溢着收获的喜悦，秋开心地笑了。秋打开我的窗户，让我看见外面久别而温暖的阳光；秋打开旅行爱好者的窗户，让他们看见这是旅行的大好时机；秋打开老师们的窗户，告诉他们，这是带学生郊游的好天气。

秋来了，大家欢呼；秋来了，大家开心。秋，我爱你！

10. 与月相约

读者发现

中秋佳节，万家团圆，吃完美味可口的月饼，再看看洁白如玉的月亮，是多么惬意啊！在这座城市的一条宽敞马路上，我们一家四口骑着电动车在赏月呢！

也许你会问我，你为什么中秋夜的时候会在路上呢？我会告诉你，因为今年中秋节我们回外婆家，而妈妈不想在外婆家留宿，便连夜赶回家，所以我们只能用这特殊的方式赏月。

我抬头仰望，月亮是那么美，那么白。仔细一看，上面还有一些黑影呢！会不会是嫦娥与玉兔呢？有一个身影在月亮上晃动，那会不会是吴刚呢？我越看越喜欢，发现今年与往年的月亮不一样。今年的月亮格外皎洁。我不由得轻轻地吟诵起写月的诗句:“野旷天低树,江清月近人。”“举头望明月,低头思故乡。”耳畔传来弟弟的声音。“月落乌啼,总是千年的风霜……”呵,爸爸的哼唱。“停下走走吧,好好赏赏月。”妈妈说。“好嘞!”爸爸停下车。驻足细看,那天上的玉盘就像孩童纯洁动人的笑脸。妈妈仰头凝视着月亮,半晌,对我们说:“愿我们一家团团圆圆,和和美美!”我看看身边的三个人,郑重地点了点头。此刻,我对幸福有了新的感悟,幸福就是有我爱的亲人和爱我的亲人。

我悄悄地闭上了眼睛,在心中许下了美好的愿望。

读者发现

张 行

江苏省淮安市城南乡中心小学

作者名片

我是一个活泼开朗的女孩。2004年出生于江苏扬州，自小随父母在上海生活。幼儿园时，我对手工折纸产生了浓厚的兴趣，会折很多花、动物、物件等，经过面试考核后被上海华师一附中实验小学录取。期间，学习成绩优异，更热衷于美术、航模科技和跆拳道。2014年秋又随父母回到家乡淮安，就读于淮安市城南乡中心小学。成绩一直名列前茅，每学期均被评为"三好学生"。还是学校的体育标兵，多次代表学校参加市、区比赛。学习之余，还潜心学习古筝，研读名著，陶冶情操。

我不是雄伟的高山，也不是孤独的小溪；我不是挺拔的大树，也不是沉默的小草；我不是美丽的白云，也不是害羞的浮萍。我只希望能给身边的亲人和朋友带来快乐！

老师荐读

老师点拨

1. 报春使者

冬，默默地离开了；春，悄无声息地来到我们身边！

春天来临，小燕子飞回来了。人们常说燕子是“春的使者”，我却发现，那一片片新叶才是“报春使者”。每到春天，当人们仰望苍穹，等待燕子从南方归来时，可曾注意到自己的身边新叶早已探出了“小脑袋”？可能有人会问：为什么说新叶才是报春的使者？我会告诉他们：早在寒冬，那些新叶就已怀着生长的决心静静地等待，等待冰雪的融化，等待春的到来、春雨的洗礼。当春的脚步刚至，它们便迫不及待地冲出光秃秃的树枝，抽出嫩黄色的新芽。

几个“等待”写出了作者对春天的期盼。

一朵鲜花绘不出春的美丽，一片新叶展现不出大树的苍翠……只有力量的凝结才能创造奇迹。我每天都在等待新叶长满大树，等待着它比燕子还早地告诉人们：“春天来啦！”

景物当中融入了作者理性的思考，一个“满”字，表现出生命的充盈，蕴含着朴素而深刻的哲理，读来令人振奋。

“给予你了，我便不期望回报”，新叶一直默默地、无怨无悔地装点着春天，而人们却不曾注意到它。正如人们会怜爱美丽、娇艳的花朵，又有谁真正注意衬托鲜花的绿叶，它们是那么无私地衬托着花朵，不求回报、奉献着……“如果，你是湖水，我乐意是堤岸环绕；如果，你是山岭，我乐意是装点你姿容的青草。”

这是引用汪国真的诗句，奉献使自己的心灵充实而美丽。作者由物联想到人，增强了文章的意境，耐人寻味。

新叶，努力地生长着；新叶，报告着春的消息。它伟大而无私，是当之无愧的“报春使者”。

作品简评

本文是一篇状物散文。小作者观察细微，通过展开合理的想象，达到情与景的相互交融。文章的语言清新活泼，虚实相生，充分运用边绘景边抒情的写法，并辅以比喻、拟人等手法，通过生动、形象的语言描绘，使读者仿佛置身于梦境一般。结尾处对景物的赞美，情真意切，感人至深。文章笔墨虽不多，然而耐看耐读，仔细咀嚼、品味，就好似品一杯香茗一般，开始还不感觉如何，可越到后来越觉得味道醇厚。

指导老师 孙源

2. 家的味道，幸福的味道

老师点拨

家是什么？家是温暖的港湾；家是什么？家是幸福的味道。

奶奶烧得一手好菜，而我最喜欢的是奶奶烧的平菇豆腐汤。每逢过年过节亲友来访，奶奶都会烧一碗平菇豆腐汤，客人们都赞不绝口！

平菇豆腐汤味儿好，看相也好。切得极薄的新鲜豆腐片和着一条条不宽不细、大小匀称的平菇，细长、轻柔的蛋花像一条条金黄色的丝绸，洒上嫩绿的香菜，色彩鲜亮，让人垂涎三尺！

小作者的语言很凝练，简单几句话就把各种食材描写得细致入微，入情入境。

平菇豆腐汤虽是家常菜，但做法不简单呢！其中，最讲究的就是刀工了。把一块新鲜豆腐切成珍珠般大小、厚度不到一毫米的菱形薄片儿。只见菜刀在奶奶手中如同装了马达一样，眨眼间工夫一块豆腐就切好了，并且切完后，看上去还是一块完整的豆腐，只待下锅了才散开，我看得都惊呆了！电影里的厨神也不过如此吧！豆腐片和焯水后的平菇一起加水，大火煮开再改小火慢炖，接着，在小碗里打一个鸡蛋，将蛋液慢慢倒入汤锅里，同时拿着大勺慢慢地、如同打太极般

娴熟的动作，精湛的技艺，一个“像马达一样”的比喻，把奶奶的刀工描写得出神入化。

顺着一个方向拨动汤水，让蛋液均匀地和在汤里。然后，取少许淀粉用水冲开，倒入汤里，汤会变得更浓稠些。最后，盛到大碗里撒上香菜，滴上麻油，一碗色、香、味俱全的平菇豆腐汤就大功告成了。

老师点拨

一连串的动作描写一气呵成。

如今，我的脑海里还不时地回想起奶奶望着我们喝汤时满足的笑容，这笑容里透着满满的自豪、浓浓的幸福，这就是家的味道。

作品简评

文章取材于生活，叙述详细具体，细节描写生动逼真，人物个性鲜明，形象丰满，跃然纸上。语言简明扼要、言至意达、精练有力，寥寥数语便能传递人物的神采。结尾处对人物的赞美，情真意切，感人至深。全文清新秀逸，亲切委婉，朴素而不落俗套。

指导老师　孙源

作者引读

3. 我们班的“四海龙王”

作者自悟

“四海龙王”这个戏称可是我的杰作，至今想起来，我都觉得自己挺有创意的。

我们班是一个快乐的猴子大家庭，因为班里的孩子几乎都属猴，大猴、小猴一大堆。不过也有例外，其中两个男同学和两个女同学属龙，他们分别坐在教室的东南西北四角，因此被同学戏称为“四海龙王”。

北海龙王——小刘，他是班里有名的刘三岁，一举一动如同一个一直长不大的孩子，有时还会有点小任性。遇到自己觉得不满的事，他一定会抗议。他时不时就会冲你傻傻一笑，那笑容天真无邪，如同一个小baby

的纯洁笑容。不过，他也有勇猛的一面，碰到同学之间不和谐的时候，他总会第一个冲到前面，尽力阻止。

南海龙王——小李，他因某个原因被老师戏称为“南孚电池”。他上课时不认真听讲，总是开小差，而且小动作一直做不停，即使被老师罚站，他也仍然在做小动作。你别看他圆头圆脑的，在射击方面他还挺厉害的，可以说是弹无虚发、百发百中。

东海龙王——陈慧，她活泼开朗，非常喜欢笑。从早笑到晚，一年三百六十五天，三百六十四天在笑，真不知道有多少开心事儿。她上课虽然积极发言，但总喜欢抢答，所以常常打乱了老师的“良苦用心”。为此，她也少不了老师的责怪，但还是外甥打灯笼——照舅（旧）。

西海龙王——郑小玥，她有着月牙似的小眼睛，如同她的名字一样。两个脸蛋像苹果一样，笑起来两个浅浅的小酒窝可爱极了！她古灵精怪，有很多鬼点子，我们常常猜不透她在想什么。她还是个很爱自由的女孩，我行我素，不会轻易被别人左右。

瞧，这就是我们班的“四海龙王”，他们性格各异，各有各的做事方式，你喜欢他们吗？

作者自悟

这里用了夸张的修辞手法，我还挺自得的，把陈慧爱笑的特点写得挺形象的。

老师常说写作文要有选择，写外貌也不能逐一描述，要写有特色之处。我写小玥联想到了月牙、苹果，是不是很贴切？

作品简评

一篇作文写四个人，我还是第一次尝试。似乎很容易，每个人凑一段就可以成一篇了；似乎也很难，每个人都得突出各自的特点，要不然就像一个人了。而且，这几个人之间还得有联系，因为属相是龙，还刚好凑四位，是不是和龙王有着天然的巧合？放在一起写是不是很有意思？关键是这四个人本身还特别有意思。我想，写作首先需要一双会发现的眼睛。伙伴们，是不是？

4. 梦中有片樱花雨

片片樱花落地，地面瞬间铺上了一片粉白相间的绒毯。一阵微风吹过，风牵起了高贵的樱花小姐来了一段优雅梦幻的舞蹈。男人、女人们站在樱花雨下如痴如醉，好似王子和公主，如梦境般美好……

晚上，我和妈妈来到樱花园里赏花。凉风吹过，一阵扑鼻的香气迎面而来。瞧！那一棵棵婆娑的樱花树随风摇曳起来。咦！那是什么？好似晶莹剔透的水晶，又似小巧玲珑的玛瑙，更胜美丽的珍珠。飘呀飘，飘呀飘，飘在空中，飘落地面。噢！这就是我梦中追寻已久的樱花。樱花园里的花虽没有日本国内开得多，开得也没那么烂漫，然而我真的感觉就像我日本姑妈所说的，成了“水晶铺地”的“水晶国度”。一片片粉色的、白色的、小小的花瓣，带着淡淡的香味，飘到了我和妈妈的头发上、身上。我张开双臂惊呼：“樱花雨！妈妈这就是樱花雨！多么浪漫、多么奇妙、多么梦幻啊！”我仰起头，樱花落在了我的脸上，轻轻的、柔柔的，带着花香抚摸着我的脸，对我诉说着。

我突然觉得自己像一朵朵樱花，一阵风吹来，我在林间跳起了舞，把自己最美的姿态展现出来。

樱花之恋，恋出的终是喜爱，让风不停歇地吹吧……

作者自悟

像唐代的贾岛一样，“牵起”这个词是我推敲了好久得出来的，还蛮自得的呢。我觉得既写出了风带动花瓣飘动的景象，又切合这个拟人句中的舞蹈，显得优美、梦幻。

在我眼中，樱花很美，怎样比喻才恰当呢，我觉得不仅要写出淡粉色的美丽，还得写出晶莹的质地，突然就想到了吴伯萧先生的《早》里对梅花的描述。

作品简评

我是一个女生，女生很喜欢粉色、梦幻的事物，樱花雨恰恰符合这个标准。在樱花园赏樱花的情景一直留在我的记忆中，久久不能忘怀。这一次，我试着抓住樱花树最美的部分“樱花花瓣”进行描写，写花瓣的样子、飘落的形态、质感等，边写边回忆，仿佛闻到了樱花的香气。伙伴们，你们觉得呢？

5. 别样暑假·济州行

作者自悟

我总是期盼暑假的到来，因为它对我而言就是一种快乐、一种自由、一种奔放……

还记得暑假前的一个晚上，妈妈告诉我暑假将带我去韩国济州岛旅游，我听后一蹦三尺高，恨不得捏自己一下，看看这是不是在做梦。虽然离旅行还有几个星期，但这丝毫没有影响到我的热情，我一整晚都没有睡意。第二天，我告诉了班上每一位同学，和大家分享了这个好消息。

终于，我和妈妈乘上宽敞、舒适的飞机，经过两个小时的飞行，终于来到了韩国济州岛。

到了济州，我兴奋的心情更是按捺不住！我四处走走，环视岛上的风景，简直比我想象中的还要美丽，空气是那么的清新。我对这全新的地方充满了好奇，决定好好探索一下。

我们先找了个酒店把行李放下来，再出去玩，妈妈租了一辆出租车，一整天带我们旅行。我们先去了"龙岩湾"，看到了传说中的海女。听当地人说，只有女人才能下海打鱼，所以在海上的那些女人被称为"海女"。我们坐上了快艇，畅快地在海上疾驰，浪花从我们身边掠过，一伸手就能摸到，丝丝凉意顿时透进肌肤，真是舒服极了。在酒店里，我们品尝了海女抓的鲍鱼的美味。那味道，真是无比鲜美！我的唇齿之间全是鲍鱼的味道，比我在上海吃的海鲜美多了！

好多同学都写过去海边旅游，也写过游记。我这次该怎么写呢？妈妈说可以写海女，海女在其他海边没有见过，写作文就要写与众不同的地方。

随后，我们去了紫菜博物馆、商业街、免税店……

我还听到了一个神奇的传说：“想生女儿，就摸石娃娃的耳朵；想生儿子，就摸石娃娃的鼻子。”我也不知道这个传说是不是真的，但我还是愿意试一下。我一直希望有一个弟弟，于是我拉着妈妈来到石娃娃面前，让妈妈摸石娃娃的鼻子，我就在一旁祈福妈妈能生一个弟弟……之后的几天我们玩得很开心。最后，我恋恋不舍地坐上飞机回到了上海。

这次济州之行让我的暑假变得精彩纷呈。

作者自悟

每个人的心中都有一个自己的济州岛。写游记不能记流水账似的什么都写，要写有特色的地方，因此我选了济州岛的海和石娃娃及他的传说。

作品简评

暑假年年过，今年大不同。因为今年暑假我踏出国门，到我们的邻居韩国济州岛旅游，兴奋之情可想而知。去之前，妈妈就给我布置了写游记的任务。为了写好游记，我可是做足功课。我提前上网查找了关于济州岛的介绍，知道哪些地方好玩，所以去的时候就直奔主题了，观察得也挺仔细的，写起来就特别容易。所以，观察是写作的基础。

读者评读

6. 暴风骤雨

读者发现

春天，有那处处生机勃勃的景象；夏天，有那阵阵倾泻而下的暴雨；秋天，有那片片硕果累累的田野；冬天，有那朵朵晶莹剔透的雪花。其中，我最喜欢夏天的暴雨，喜欢下雨前的电闪雷鸣，喜欢下雨时的淋漓尽致，喜欢下雨后的焕然一新。

下雨前，天空乌云密布，四处阴沉沉的，一片黑蒙蒙的。突然,一阵大风打破了这短暂的宁静,狂风呼啸,树叶、树枝在风中跳着凌乱的舞姿。一瞬间,天色暗了下来,渐渐地变成了灰色、黑色。抬头一望,黑色的“乌云大军”已经占领了整个天空,原本湛蓝的天空一下子变得死气沉沉。

霎时,暴雨像决了口的天河一样铺天盖地倾泻而来。透过玻璃窗向外张望,远处什么也看不清,只有迷蒙的水雾笼罩着整个世界。豆大的雨点踏着冲浪板一泻而下,“噼里啪啦”地打在窗户上。恶狠狠的闪电,用几亿负荷的电流“嚓”的一声划破了无边的天际,又好似剪破了漆黑的幕布。雷公似乎也很不高兴,勃然大怒,“轰隆隆”的声音响彻天边。这仿佛是大自然上演的一部剧,雷声、雨点、狂风相互交织,时而快,时而慢,时而清脆,时而沉闷,奏出一曲扣人心弦的交响乐。这是大自然赠予我们的视听享受。这音乐不但动听,而且还富有魔力,接受洗礼的万物立刻焕发生机。

哦,一场突如其来的好雨!一曲响彻大地的交响乐!

读者发现

7. 运动会争锋

读者发现

一年一度的校秋季运动会即将拉开帷幕,这次盛会对我来说有着特殊的意义,这可是我小学阶段最后一次运动会了。

当太阳还在攀爬着棉花糖般的云彩,昔日冷清的操场早已人山人海,热闹非凡。许多同学涌上操场做着热身运动:有的跑步,有的跳远,有的掷垒球……还有许多啦啦队员在练习着口号。

激动人心的时刻终于来了,第一个比赛项目是百米短跑,我们班派出了实力战将高成瑞。只见此时,赛

读者发现

道上的选手个个蓄势待发,像一只只跃跃欲试的猎豹。随着裁判员的一声令下:“预备,跑!”选手们个个如离弦的箭一样飞了出去。高成瑞昂首挺胸,咬紧牙关,闭着眼睛直往终点冲,毫无悬念夺得了第一名!我们高兴得又蹦又跳,纷纷上场拥抱我们的英雄!

紧接着是4×100米接力赛,我们班的第一棒是王芳。伴随着裁判员“哔”的哨声,比赛开始了。王芳如同小鹿般大步向前跑着。谁知,一不小心被绊,摔了一跤,跌倒了。啦啦队员们焦急地喊:“王芳,快起来!王芳,加油!”王芳忍着疼痛站了起来,一瘸一拐地小跑起来。在同学们的呐喊声中,她终于把接力棒交到了下一个选手手里。第二棒、第三棒选手奋起直追,拼尽全力赶超了几位选手。当张天驰接到最后一棒时,我们班落后第一名还有一大截呢!同学们大喊:“张天驰,看你的啦!加油啊!”张天驰一边调整呼吸,一边全力赶超。眼看着就要赶上了,可是离终点也越来越近了!忽然,张天驰大喊一声,整个人如同爆发的小宇宙一般,同学们惊呆的嘴还没合上,他已经超越前面的选手率先到达终点!同学们一拥而上,围在张天驰的周围,有的拥抱,有的大喊“万岁”,还有人竟然高兴得流下了眼泪!

比赛一项项有序地进行着,我们班获得的奖项也越来越多。这次运动会,我们给低年级的同学做出了好榜样,收获了荣誉,收获了同学之间互帮互助的友情,显示了奋勇拼搏、奋起直追的精神,给我们小学生活留下了美好的回忆……

读者发现

8. 萤火虫飞呀飞

今年夏天的一个晚上，我们一家外出吃饭9点多才到家。刚准备进门，我忽然发现院门底下有一点亮光，并且一闪一闪的。当我打开灯的时候，反而看不见了。我赶紧又把灯关上，这时它又亮了。“萤火虫！”爸爸一说，我立刻兴奋得大叫起来，虽然我住在郊区，长这么大，我还没看见过萤火虫呢！我赶紧把它抓住了。爸爸看我兴致这么高，决定带我去抓萤火虫。

我们磕磕绊绊地穿过杂草丛，来到离我家50米外的池塘边。可是到了那里，我并没有看到满河飞来飞去的萤火虫，顿感失望。就在我失望之余、准备回家的时候，爸爸忽然发现河边的水草里有亮光。我一下子激动起来，不顾一切地冲了过去，还没到跟前，“扑哧”一声，我的脚陷进淤泥里了。裤子脏了，鞋子好不容易才拔了出来。虽然如此，我还是不甘心地扒开杂草，不顾手臂被杂草划破的疼痛，终于抓住了这个可爱的小精灵。

爸爸说：“在我三四岁的时候，这个池塘里的水很清澈，大家都在里面淘米洗菜。夏天的晚上，河面上满是萤火虫，飞来飞去、一闪一闪的，非常漂亮！还有不少飞到家门口呢！”我说：“现在怎么没有了呢？”爸爸说：“你没看到满河的垃圾吗？这水已经成了死水，环境恶化，哪里还有这些小生灵的生存环境呢？”

听着爸爸的话，我的眼前仿佛看到了水清草绿、萤火虫飞来飞去的情景。我多么希望自己能生活在那样的环境里啊！我想：“萤火虫啊萤火虫，你何时才能拥有属于自己的家？”

读者发现

9."肥猫"记

说起"肥猫",我可是有满肚子的话要说,可这一肚子的话就算把肚子"撑"起来,也没有"肥猫"吃一顿饭来得多。

"肥猫"就是我家的猫,它本名叫"猫小菲",但是这个"猫小菲"一点淑女风范都没有,吃起东西来可谓是"生龙活虎"、"生吞活剥",于是它的肚子就像一个冲了气的球一样,一天一天地鼓起来。原来优雅的爪子变得像四根肥香肠,细长的脖子变得像人把它硬插上似的,再加上典型的"啤酒肚",简直就是一个大皮球!于是,我天天劝它,可它左耳进,右耳出。不得已,我才给它减食。谁知,它反应强烈:先是楚楚可怜地哀求我,看我铁石心肠便自力更生,一会儿用爪子扒冰箱门,一会儿跳上碗柜想要偷吃,真是"孺子不可教也"。

看它铁了心不求上进,我非得亲自给它上一课。我先是讲了一个故事:"从前,有一条美丽又瘦小的贵宾狗和一只粗壮肥硕的小贵宾,他俩是两只流浪狗。结果,胖狗被一个老奶奶捡去杀了吃!"说到这,它竟然从它那快眯没了的眼睛里挤出一道光来。哈!有戏,看来我的谆谆教诲没有白费呀!

谁知过了几天,"肥猫"又开始每天吃几大碗饭了,尽管我整天恨铁不成钢地叫它"猫肥",它却一点儿也不介意,反而"喵喵喵"几声,然后懒洋洋地走到我的鞋边睡懒觉。

哎,"肥猫",你要我怎么说你好呢?

10. 生活离不开"修理"

读者发现

说到"修理",我第一个就想到了我的爸爸。我的爸爸是"三不"好男人——不抽烟,不喝酒,不乱花钱。他在家一直都是以奉侍妈妈和我为主。在家里,家务全是他做,如果妈妈要做,他还不乐意呢!当然,爸爸每个月的工资都会主动上交给妈妈。有时我还会想:嘻嘻,爸爸还真是个"妻管严"呢!爸爸最大的特长就是修理东西,邻里的一些小电器,像电源开关、电水壶之类的他都能修,有的东西因为缺少零配件,都被电器修理部判"死刑"了,但到了爸爸手里,却能"起死回生"。没有零件,他就自己制件替代品,修旧利废,又能用好多年。所以他的人际关系特别好。

记得有一次,周六早上,阳光明媚,空气清新,爸爸不用上班,真是个大好的休息日。爸爸正坐在沙发上看足球比赛。谁知在比赛刚进入白热化阶段,楼下的邻居来敲门了:"小钱,我家洗衣机坏了,麻烦你修一下。"当时,爸爸二话没说就起身下楼。来到邻居家,爸爸先把洗衣机的背部拆下来,左看看,右瞧瞧,摆弄了好长一会儿,才皱起眉头,拿起工具,修理起来。看来想必他是遇到什么麻烦了吧。

果不其然,爸爸修了好一会儿,也没见修好,只见爸爸额头上的汗越来越多。他为了找到原因,又拿起螺丝刀,几乎把洗衣机都拆散架了,倒腾了三个小时,爸爸终于把洗衣机修好了。正当爸爸准备休息时,手机又响了起来:"喂,小钱啊,你来我家一趟吧,我家下水道坏了。"唉,于是爸爸又踏上了"修理"之路。爸爸经常这样,从这家修到那家,每天忙得不亦乐乎。也有人会调侃爸爸说:"小钱,咱们院里,想要换样新电器可非易事啊，都被你‘修理’了，连换的机会都没有。”爸爸总是乐呵呵地说：“生活离不开修修补补，旧的东西也有利用的价值！”

我忽然觉得，爸爸的话包含着深刻的哲理。世界上没有十全十美的东西，许多损坏的物品，经过及时维修，又恢复了它的应有价值。生活何尝不是如此，我们的思想和行为也会不时出些小“故障”，需要及时修正和弥补，才不致于出现大的问题。

人生需要“修理”，最好的修理工是我们自己，只有时时思索、弥补过失，才能明辨是非，才能了解何事可为、何事不可为，才能明白生活的真谛，让自己的人生变得更加完善和更有价值。

我和妈妈也经常调侃爸爸真是个“大忙人”啊！守护在我和妈妈身边的男人是那么的高大。

黄雨欣

江苏省淮安市浦东实验小学

作者名片

我叫黄雨欣。在长辈眼中，我是个乖巧安静的女孩子；在老师眼中，我是个成绩优异的好学生；在朋友眼中，我是个古灵精怪的乐天派……我的爱好广泛：国画、书法、阅读、写作、运动……虽然我对国画和书法“有所造诣”，但我最喜欢的还是阅读，因为喜欢，几年下来，我的书柜里已经有200多本课外书了，我们家还被评上了“书香家庭”呢！我喜欢阅读，也喜欢写作。我认为写作是一种享受，每一次写作都是一种情感的释放、心灵的飞舞，一瞬间，所有的感受与情绪都诉诸笔端，心情也随之愉悦，身心一阵舒畅。写作，不是手在写，而是我的心在写。“有梦就要追，我相信自己，我是最棒的！”这是我的座右铭。正是有了它，激励着我前进，才会有那么多的荣誉。今后，我将如雄鹰一般展翅高飞，搏击长空，成为真正的大作家！

老师荐读

1. 融融端午甜甜情

一天，我无意中翻开手机，发现手机上有几个艺术字：端午节快乐。哦，原来今天是端午节。端午节要包粽子，系绒线，用艾草煮水洗手……这么多好玩的事儿，想到这，我兴匆匆地跑向老妈的卧室。

就在这时，心中早已有数的老妈漫不经心地蹦出一句：“材料早就准备好了，咱们开工吧！”于是，我们立刻行动起来。

哎，只见老妈变戏法似地从冰箱里端出了糯米、馅料和粽叶，从阳台上收回洗净晒干的粗棉绳，又从厨房里拿了两个勺子，就招呼我去开工了。首先，我把两张粽叶并在一起，卷成一个圆锥体，再用勺子放两勺糯米进去，接着中间放一个红枣。可问题来了，包出的粽子边边角角总会露出一些米来。咦，有办法了！我把香肠切成小肉丁状，放在粽子的角上，把小洞堵住，一个既美味又漂亮的粽子就这样大功告成了。这样包粽子不仅不会漏米，还可以吃到两种不同的馅料，我心里暗自高兴起来。

老师点拨

“首先”、“再”、“接着”表示顺序的词，“并”、“卷”、“放”、“堵”几个动词，准确写出了包粽子的程序和方法，清晰简洁，一目了然。

刚包了二三十只粽子，妹妹就嚷嚷着要吃，老妈刮了一下妹妹的鼻尖说：“好！现在就煮，你这个小馋猫……”不一会，屋子里就飘满了粽子的香气。

午饭我们吃得十分开心，接下来就要“系绒线”了。嘻嘻，我今天特地把饭吃得很快，刚一吃完就跑到阳台上仔仔细细地选绒线。一到阳台上，我就用“X光眼”飞快地扫描着竹竿上的绒线，突然，我的目光落在了一条由绿、红、粉、黄、黑五色组成的五彩绒线上，

"嗯,这个不错,就它了!"对了,它的中间还扣着一只小桃篮呢,只有一块阿尔卑斯糖那么大,寓意是"逃难"。可没想到半路杀出个程咬金——小妹,她一个箭步冲过来,边啃粽子边喊:"那是我的!给我!""不,我先来的!应该归我!先来后到,懂吗?""哼,才不要呢。大的要让小的!""切,听没听过'孔融让梨'啊?"……"别争了,我们来给绳子编上号,分别写在小纸条上,然后抓纸条!" 老爸经过三思后, 想出了这么一个办法。哇喔!我终于抽到那条啦!"哼,我以后再也不理你了,不跟你玩了!""啊!那就太好了,我正求之不得呢!""爸爸——你看姐姐,她欺负我——"妹妹一边撒娇一边说。"啊哈哈哈哈……"温馨的房间里立刻充满了幸福、欢乐的气氛。

快到晚上了,突然闻到了一缕淡淡的幽香,我思索着这是什么花香呢。再使劲嗅了嗅空气中的香气,才惊奇地发现:这幽香中竟带着丝丝苦味。"是艾草!"我一下子想到端午节家家有艾草,便脱口而出。妈妈在一旁应道:"对,就是艾草。愣着干嘛,还不快来洗手,可以杀菌防病哟!""哦!来了来了!"洗完了手,心中欢喜:用艾草洗了手能驱邪护身,就代表着全家接下来的日子里会身体健康哦。

一次端午,一份浓浓的情谊,一阵甜甜的欢乐,我在心底又期盼着来年的端午了。

老师点拨

此段中我和妹妹抢绒线时的一番娇嗔抢白,虽是孩童间嬉闹的话语,却从侧面映衬出端午带给我们的随性和乐趣。

"淡淡的幽香"、"丝丝苦味"是艾草的气息,体现了我的感觉敏锐,引出了下面"艾草"洗手的象征意义。

作品简评

全文紧扣传统节日端午,展开详实而有条理的叙述。我开工时细腻巧妙的小心思,"系绒线"时与妹妹的娇嗔嬉闹,用"艾草洗手"时的美好企盼,都洋溢着浓烈而由衷的快乐。活泼、自然的语言表达,传递给读者一种传统节日的美好、祥和与幸福,这正是端午的意义所在。因此文章虽写的是“端午”，但其蕴含的内涵又超越了传统节日的境界。

指导老师　郑迎春

2. 获奖之后

老师点拨

“听说你获奖了，恭喜恭喜！”“你得了什么奖啊？”“奖品是什么呀？”……我哼着小曲，刚进班级，就被同学们围了个水泄不通。咦，他们咋知道的？我也是在今儿早上才知道自己在“淮报教育杯”第七届小记者现场作文大赛中荣获一等奖啦！还将于下周一下午两点半到神旺大酒店颁奖现场去领奖呢！

开篇三句话中的三个“奖”，渲染出内心的激动与快乐，有“未见其人，先闻其声”般的表达效果。

我心里边美滋滋地想着，边帮着老师收作文本。一群女生见了，急忙围拢过来，抢过我的作文本就翻，一边看一边感叹道：“啊！黄雨欣，你的作文咋就这么好呢？”“是啊，太好了！哎，等等，你这该不会是抄的吧？”“如果是抄的，你们还不如不看呢，去去去，都一边凉快去吧。别妨碍我收作文本。”一听她们有人胡乱猜测我的作文是抄的，我的脸立马晴转多云了！

我获奖后，同学们七嘴八舌的语言调侃，压抑了我的喜悦之情，是先抑后扬的写作方法。

瞧瞧，大家的表情是多么丰富多彩：羡慕的，面带微笑，一看那真是发自内心的赞美；嫉妒的，脸上很是不屑，一看那就是在暗暗使劲；有的人像是隐居深山的道士，与世无争，好像这是理所当然的事；还有的人表情可怕，是恨恨的样子，浑身绷得紧紧的，好像在暗暗发誓，以后也要拿个大奖……总之，大家的表情是“千姿百态”、各不相同。

“微笑”、“不屑”、“恨恨”、“浑身绷得紧紧的”这一系列描写很有特色，真可谓写出了表情的“千姿百态”，也是一种现实的写照。

中午回到家，我笑眯眯地把这一好消息告诉了妈妈。不料妈妈说：“你逗我玩了吧？快拿筷子吃饭去。”啊！老妈竟然不相信我！虽然我在心里吼，可还是故作矜持地说:“如果您不信的话,悉听尊便。”“啊?天哪!不会是真的吧?”这时妈妈才意识到事态的“严重”。我默默地垂下头盛饭,因为,我已经无语了:都说到这份上了,还“不会”呢。“太好了,我现在就打电话给你爸。”“……”“我跟你爸说好了,暑假带你去买书,随便挑。休年假的时候带你去旅游。……还想要什么?”“我现在想吃饭啊!”“哦、哦,来,快吃吧。”“虽然你这次拿了奖,但千万不能骄傲,你应该像莫言那样谦虚。对了,你听说过没,自从莫言获得了诺贝尔文学奖,他家院子里的草都被拔光了。家长称要回家做给自家儿女吃,让他们有更多的‘文学细胞’,能够金榜题名。”“呀,咱家院子里的花花草草也要被拔光喽。”妈妈喋喋不休地说着……“哈哈哈哈……”

终于盼到了领奖的那一刻!我们有序地排好队,上台领奖。就在接过证书的那一瞬间,我仿佛已经打开了人生道路上的第一扇门,看见了成功在向我微笑。因为,这不仅仅是我个人的荣誉,还是班级的荣誉,乃至整个学校的荣誉!这,要感谢父母,感谢老师,感谢学校,感谢……我心中感慨万千,久久不能平静。

“真”、“细”、“活”这三个精灵一直住在我的心中,每当我要提笔作文时,它们就会在心灵深处舞蹈,助我写出一篇篇佳作。我爱观察,爱读书,爱写作!保持这三个“爱”,我一定会妙笔生花,佳作纷呈。

老师点拨

“拔草”之调侃,体现了老妈的风趣幽默,也从侧面写出了老妈证实我获奖后的喜悦与自豪,与题目“获奖之后”想要表达的情感相得益彰、巧妙和谐。

作品简评

文章以“获奖之后”为题,感觉一下子就渲染出一种发自内心的兴奋和喜悦。接着读下去,“我”获奖后,同学们揶揄的话语、“千姿百态”的表情,老妈知道这个好消息后,半信半疑的“怠慢”,都不同程度地打击和压抑着“我”获奖后喜悦的心情;接着笔锋一转,柳暗花明：老妈怠慢后开了闸门奔涌的话语，“我”领奖时的感慨万千才真正凸显出“我”获奖后真实的激动与体验，把“获奖之后”这篇文章的感情基调掀到了高潮。

指导老师　郑迎春

作者引读

3. 2030年的智能学生手环

唉，大家一定有过为作业写不好，怕被老师批评而发愁的时候吧？没错，我也有过这样的经历。所以15年后的我，成了最受孩子们喜爱的发明家。这不，今天我就要给大家介绍我的一项重要发明——智能学生手环！

“嘭！”“耶！终于成功了！幸好我的实验室是防火、防水、防电、防撞击、防爆炸的房子，否则现在早就被炸成灰了。”在10001次的实验后，“智能学生手环”终于发明成功了！你瞧，它的外形很奇特：手环外圈是无毒环保橡胶制品，正中间镶嵌着一张薄薄的、类似于手机贴膜的圆形透明薄膜，还可以根据个人的爱好印上特别的图案。它不但外形漂亮，作用更不用说啦——大着呢！在你题目做不出时，它可以给你一些小提示，让你彻底理解题目的意思。当然，这些提示都以文字的方式显示在显示器上，与此同时，印在薄膜上的图案也会暂时自动消失，等提示完毕之后它又会出现，继续保持它的美丽姿态。

“嗯……”我考虑了一会儿，决定在妹妹身上试一试，看看效果如何。“姐姐，这道题怎么做呀？真是太难

作者自悟

先用成功的欢呼让读者了解实验成功的不易，接着寥寥几笔介绍了美观又实用的智能手环，调动读者的阅读兴趣。

了！”妹妹愁眉苦脸地来到我身边。嘿嘿，来得正是时候。“嗯——让我来试试！”虽然这道题我会，但我还是装出绞尽脑汁也想不出来的样子。这时，智能手环的威力显示出来了，只短短3秒钟，我的新发明就有了反应：薄膜上的图案消失了！紧接着，上面出现了一行行小字，虽说是小字，但看得倒也清楚。我把手环递给妹妹，她把解题方法细细一读，哎，神了！马上恍然大悟。“嗯，姐姐，这是什么东东呀？”“哈，试验成功！”我笑眯眯地盯着妹妹不说话……

接着，我把一只智能手环放在克隆箱里，按上“10000”，不到10秒，10000只智能手环就整齐地排列在我的面前。我先用视屏通话器与校长取得了联系，再和校长说说让学生试用智能手环的想法，校长连声说好。我启动了实验室里的“瞬间转移”装置，把地点输入××小学，“嗖——叮！”10000只智能学生手环瞬间到了该学校，机器人管理员把10000只手环分发给各班学生。

一个星期过去了，校长打电话来说，我的新发明效果非常好，学生的成绩都直线上升，有些题目老师不用讲就会了，还答应帮我大力推广智能学生手环呢！

又一个星期过去了，全国学生都用上了我的新发明；一个月过去了，全球学生都用上了；没过多久，全宇宙学生都用上了！至于我嘛，也成了当时最著名的发明家！

作者自悟

“实践是检验真理的唯一标准”，我选取具体的事例“证明”自己的发明是可靠的。

高科技的设备采用高科技的“生产方式”，再通过高科技的“运输手段”进行传送，处处彰显科技的力量。

作品简评

说起智能手环，大家并不陌生，新鲜的事物，我们孩子接受能力最强，这不，我的“2030年的智能手环”便是这个高科技时代下的产物。它外形新颖、奇特、美观、大方，最重要的是能帮助学生解决学习中的难题，所以它一问世,便轰动了整个宇宙,成了学生学习的福音。

美好的一切来源于想象,只要大胆地想象,就有可能成为现实!至少,我坚信这一点!

4. 拯救地球

作者自悟

你可曾有过了不起的雄心壮志,惊心动魄的非凡经历?我就曾有过这样的时刻。

"嘀嘀嘀——嘀嘀嘀——时光机将穿越到一百年后!准备完毕!系统开启!嗖!"

所见、所闻、所感的描绘,立刻把镜头拉近到读者面前,告诉大家——我,穿越啦!

还没反应过来,一位年轻的白衣女士突然闪现在我面前,看起来好像是护士。"你是谁?怎么会出现在2130年的太空?"她一脸疑问。哎,等等,怎么?太空?转眼间,我已不在地球上了?那我现在到哪儿了?一旁的护士见我正在思考,脸色缓和了一点,但仍有些凝重,说道:"没错,这是在大型星球上,地球早在20年前就堆满了有毒垃圾,污水成河,即使把它们净化了,也无法使用。正因为如此,地球才陷入了危机,面临着毁灭,是我们的科学团队迫不得已连夜赶制飞船,让地球居民都住到其他星球上来的。唉,虽然地球是我们的母亲,但以现在的科学技术水平,还不足以净化整个地球,因为地球将在半年后就会彻底毁灭。所以……""不!"我眼中透着坚定与自信的光芒,"我是一百年前的著名科学家,在'时光机'试飞时,才被送到了2130年的太空。我决定和你们的科学团队一起拯救地球,可以吗?请相信我,我们共同努力,一定可以的!"听了我的话,她蠕了蠕嘴唇,似乎想反驳,但想到我最后说的"拯救地球……请相信我,我们……可

"堆满"、"污水成河"、"迫不得已"等一系列词语的运用,让人感受到地球面临的巨大危机。

以”几句话时，就说：“那我去找船长说一声。”我还没看清她是怎么走的，护士就消失了。

作者自悟

第二天一早，我想找昨天的白衣女士，却发现她不在这儿。我四处望了望，发现床头柜上有一个按铃，我按了一下，昨天的白衣护士一眨眼工夫就出现在我面前。她朝我笑了笑，问：“请问有什么需要帮忙的吗？哦，对了，昨天的事情船长同意了，理由是人多力量大，现在的科学团队11个人，有你这个伟大的科学家的加入一定会更强。”“人手够了，那你们科学团队的队长在哪儿？我想去和他们一起探讨‘拯救地球’的方案。”“给。”只见我手腕上多了一块“手表”，一看侧面，哟，还有说明书呢：本产品包含两个功能：(1) 地图；(2) 瞬间转移。我查找了一下，刚点了一下队长所在的位置，我就到了一个小房间里。队长一看见我，就把其他10个队友召集起来，一起商量。最终我们制订了三个计划，并决定利用半年时间尽快实行。

首先，我们分成三个小组，每四人一组。我被分进了B组且担任组长，主要负责研究制造快速生长植物、净化水质等各种净化仪器。此时的地球已经伤痕累累：树木被砍伐，小草变枯黄，空气、河水都很浑浊。因此，我和B组的其他三人开始研发一种可以在水中、土中、沙漠中生长的植物，我们先模拟了三种自然环境，又把能在这三种环境中正常生长的植物基因提取出来，最后中和了一下，培育出一种高大常青的树和一种会开花的小青草，最重要的还是它们可以净化空气、水与土壤，把杂质都去除，使土地更加肥沃，水质更佳，空气更好。当然，它们的生长时间都不超过半年。刚得知此消息，我们就把树苗与草芽带给船长和队长看，并说明了它们的作用与生长时间。听完我的建议，一直沉默的A组组长发话了：“我们研发的‘垃

“先”、“又”、“最后”等表示顺序词语的运用，让人感受到科学实验操作的严谨。

圾粉'经过水的稀释后，倒在垃圾上，垃圾就会消失，留下的都是清新的气味，而且不会消耗过多能源，十分环保。所以，我想带人把垃圾先清除，再交给B组种草栽树。""赞同！"我们异口同声地说。两个月过去了，A小组的组员回来报告——他们已经在两个月内将地球上所有的垃圾清除完毕，就等我们B组将数千亿棵培育好的草和树种下去。我们带足人手，坐着小型飞碟，飞往地球，控制机器人种草栽树。短短三个月，我们就完成了任务，远远望去，地球上蓝绿交错，周围还飘着丝丝薄云，十分美丽。到了最后一个月，人们都搬到地球上居住，并派C组的队员去安顿居民，树立地球卫士的高大形象。

光荣地完成了拯救地球的伟大任务后，时间已不早了，我向科学团队的人一一告别，坐上了船长准备的时光机，又回到了2030年，也就是来的年代。

多年过去了，我，仍然是我。只是经过那次穿越以后，我把自己的精力大多放在了环保绿色健康事业上，一直都是如此……

作者自悟

虽然是想象类文章，但是离不开现实生活的讲述，平时我和同伴之间发生的故事也是这样写的。未来和现实搭建的桥梁就是语言。

作品简评

可能因为我平时看了一些现今比较流行的题材——"穿越剧"，由于它的影响就有了这篇文章中穿越到2130年的奇特经历；再结合一直以来尤其是近几年来全人类对地球生态环境的强烈关注，便使我产生了"拯救地球的想法和方案"。对"治理、改善恶劣环境"这一话题，展开了大胆而有条理的计划叙述。用了一次丰富、美好的想象经历表达出"我"对地球绿色环保事业的关注与热爱。虽然我只是个小学生，但热爱我们人类唯一的家园也是我由衷的心愿。

5. 豆芽生长记

作者自悟

偶然的一次经历，让我发现了豆芽的秘密，开启了我的科学探究之门。

开篇直奔主题，简洁明了。

一天，我打开刚发的《学生科学实验材料》，看到《实验作业》里有用绿豆发成豆芽的作业，我觉得挺新奇，想试一试，便从材料袋里拿出一些绿豆，分别放入塑料小盒中。为了让豆芽长得更好一些，我还在盒底铺了两条湿纸巾，以便绿豆吸收水分。

第一天晚上，我发现已经有两颗小绿豆的皮从中间裂成了两半，只有一小部分连在一起，隐隐有脱落的迹象。豆瓣微微裂开的地方出现了仅 2 毫米左右的“小芽儿”，甚是可爱。仔细一看，湿纸巾中的水分都被绿豆吸走了，我又把纸巾浸满了水。

我观察的细致通过“隐隐”、“微微”、“仅”等词语的运用得以体现。

第二天中午，我又看了一会“小豆芽”，发现又有几个小绿豆裂开来了，比原来大了一些，饱满了一些，颜色也有些发黄。待豆皮完全脱落，豆子的尾部也抽出了透明的、米黄色的芽茎儿，1.5 厘米左右，末梢尖尖的，十分可爱，看起来就像一只只有着透明尾巴的淡绿色小蝌蚪，让我忍不住想去轻轻地摸一摸，可又怕弄断了嫩茎儿，因为它看上去十分脆弱。而另一些小豆芽却因为水放得多了一些，长得比先裂的还快，全身都是米黄色，只是豆瓣的边缘有些发青。虽然只过去了一天不到，可有些透明的茎都已长到了近2 厘米，如果不出意外的话，第三天晚上应该就能长成真正的“豆芽”了。想着，我又往纸巾里注了些水，免得好不容易长出来的豆芽因为缺水而枯死。

对豆芽的外形进行描绘，再运用比喻的修辞手法，我努力在读者眼前“再现”小豆芽的样子。

“第一天晚上”、“第二天中午”、“第三天晚上”写出了绿豆发芽的过程相对还是“漫长”的，也从侧面体现了我观察事物的认真与执着。

终于盼到了第三天晚上，放学一回到家，我就扔下书包跑去看小豆芽。嘿嘿，果然不出所料，豆芽的豆瓣长成了黄色，茎条也变得透明又饱满，足足有4厘米长，显得很粗壮，都是一根根“健康”的豆芽，我连忙把观察到的现象记录下来。

看到我第一次发豆芽就这么成功，一股成就感油然而生，巨大的喜悦在心里弥漫开来。绿豆成功长成豆芽，那么生长记也该结束了。我又满心期待着下一次的某某生长记，它一定更加奇妙、更加精彩。

作者自悟

文章结尾是一篇的结束，更是无数篇文字的开始，我用了“承接”，期待更多的“记”诞生。

作品简评

生活中的我爱观察，爱思考，还爱动手，尽管时常把事情搞砸，没有达到“成功”或“最好”的结果，但我从不后悔。其实，有些事，动手去做去试一试，这个过程可能比结果更重要。因为这份经历会带给你一份独特的体验或感悟，或者只是一份小小的乐趣。

《豆芽生长记》中的选豆、种植、观察、疑惑、惊喜、快乐，这一系列的行为与心理体验，虽然只是前后三天的时间，但其中蕴含的乐趣与意义却不可多得。

读者评读

6. 书画班的“奇葩”

读者发现

嗨，大家好，我们又见面了！今天，我要为大家介绍一下，本人所在书画班里的“奇葩”师生！

首先，我要说一说班里无人不知无人不晓的“三大名人”。第三名：周谦，代号“欠揍”。你要说他急性子，一点都不假。有一次，老刘（刘老师）看起来心情不

读者发现

错，说："今天谁画得好、快，谁的画就可以'上墙'。"周谦听了，立刻以最快的速度画了一张难看得不能见人的国画(可他自己绝不这样认为)，拿给老刘看，说："我画得已经够'好快'了，你看看吧。"他原本以为老刘会夸自己，却没想到换来的是这样一句："我说的是'好、快'，不是'好快'！重画！还'上墙'呢，我看你'上吊'去吧！"说完便把周谦"辛辛苦苦"画出来的"大作"揉作一团，远远地抛向了垃圾桶。看到这样的情景，我们大家都笑得前仰后合。

接着，咱说说"三大名人"中的第二名：高宇杰，男，代号"高露洁"(牙膏)。有一天，他穿了一双新鞋子来上课。老刘见了，打趣道："哎呦，不丑不丑("漂亮"的意思——笔者注)，哪个给你买的呀？"不等"高露洁"回答，老刘就说："现在休息一分钟，大家都来看一看呀！我个人认为，这双鞋子好看是好看，就是越看越像女款。各位女同学可以来看一看哦！你们认为呢？"大家愣了几秒，先是面面相觑，随后又爆发出一阵大笑，"哈哈哈哈！"还是"高露洁"反应最快，立刻红着脸呵斥道："去去去，老刘你说什么呢！请各位睁大眼睛，看清楚了，这是男款，男款！不是女款！"说完还不忘怒气冲冲地瞪了老刘一眼。瞧他，总是穿着奇装异服，要不，哪来今天的笑话呢？

最后，我要为大家介绍一下前面频繁出现，又在"三大名人"中跃居首位的一个人——老刘。其实，他就是书画班里唯一的老师——刘艺。在班里，没人叫他"刘老师"，不管是小孩子还是大孩子，是新生还是老生，都一律叫他"老刘"。自然，上面那些有趣的小故事，都有他的份。

嘿嘿，瞧，这就是俺的"奇葩"同学和老师，当然，这里还有许多个性十足的同学，俺就不一一介绍了。

如果你想认识俺们，赶快来“中山书画”吧！这里是乐园，你来了一定还会遇到更多的“奇葩”。

读者发现

7.“孤军奋战”记

“哎哎，快起床！我上班迟到啦！今天上午家里就交给你了!”我的耳朵里传来了妈妈焦急的声音，接着就是“咚”的一声关门声。幸好我是个“乐天派”，又有做不成事决不罢休的精神，所以一定可以做得很好。

“唉——”我伸了个懒腰，慢条斯理地穿上衣服，准备于厨房和妹妹“过招”。不用说，妹妹早已坐在她专属的双层小板凳上，准备用餐。“姐，帮我拿一个勺子，对了，少盛一点饭，牛奶要温热的……”听起来，这完全就是主仆间的对话。可我又有什么办法呢？我是姐姐，必须处处让着她呀。吃完早饭，我迅速用 5 分钟时间把碗刷完。“小妹，你过来，先去写三行‘a’、三行‘o’、三行‘e’。写好之后，拿来给我检查，合格，看半小时电视；不合格，重写。”

我开始整理房间，正当我累得腰酸背疼想休息一下时，眼角余光瞥见了钟表时针指向“11”，分针指向了“12”。我赶快去煮饭：先用量杯舀满满一杯米，再把米淘两遍，接着倒入电饭锅，放入开水直到水位上升到“3–”，按“快煮”键。

接下来就要炒菜了。我先在“今日小菜单”上写上“小瓜炒肉丝”，再从冰箱里拿出小瓜和已经切好的肉丝，接着用水把小瓜洗一洗，把它竖起来，用刀从中间一切，切成两条，然后放平，均匀地切成一块块约 1 毫米厚的半圆形。开始炒菜了，我先打开煤气，调至中火，在锅中倒入一些油，趁还有一点空闲时间，赶快切两三片生姜和一小段葱。我立即穿上围裙，把切好的生姜和葱沿锅边放入油中。咦，油又炸了！“咳咳！咳咳！”为了做这顿午饭，我被油烟熏得直咳嗽，真是“一饭千金”啊！“对了，我的耳边怎么少了一点噪音？”对，是抽油烟机没打开。有好东西我不用，真是忙昏了头。我立即打开抽油烟机，然后手忙脚乱地把肉丝倒进锅中，放了两勺红糖酱油，炒了几分钟，放半勺盐，继续翻炒。直到肉丝已经被炒熟了三分之二，才想起来小瓜还没放，不过总算发现得早，菜没糊，只是有点美中不足——肉丝的颜色有些深。菜终于盛盘上桌了。闻到这诱人的香味，我真是“口水直流三千尺”呀！

哈哈，“孤军奋战”的体验“惊心动魄”，热闹生动，它不失为一种独特的生活体验哦！

读者发现

8. 小硬币，大关爱

读者发现

爱心像一把大伞，为我们遮挡风雨；爱心像一束阳光，让我们茁壮成长；爱心像一股无穷的力量，随时出现在我们的身上。那个下午，我通过老人的一枚硬币，真真切切地体会到什么是人与人之间的关爱。

那天下午，我和爸爸去书店。天气仍然那么炎热，偶尔有几缕清风飘来，但它在你还没有感觉到时，就已经飘走了。突然，一阵凄凉的二胡乐声传入我的耳朵，我闻声望去，只见一位蓬头垢面的老人坐在路边拉二胡。他紧锁眉头，闭着双眼，饱经风霜的脸上现出一道道岁月磨砺的痕迹，他的脚下有一个生锈的铁碗，里面只有星星点点的几枚一毛硬币。

走过他身边的一个年轻人，戴着耳机，手插在裤袋里，快速地行走着，连看都没看老人一眼；老人身后

读者发现

的店老板看着老人，一脸的厌恶；其他路人也目不斜视地匆匆而过。

这时，一个模糊的身影进入了我的视线，他端着一个破碗，拄着一根木棍，颤颤巍巍地向拉二胡的老人走来，他的行动很缓慢，艰难地挪动着脚步，再加上阳光的毒辣，已经大汗淋漓。终于，他来到了拉二胡老人的身边。出人意料的一幕出现了，只见他伸出苍老的手在他的碗里翻动硬币寻找着，最后他拿出一枚也许是仅有的一枚一元硬币轻轻地放入拉二胡老人的碗中。拉二胡老人缓缓地抬起头，凝望着，然后轻轻地点了一下头，喃喃地说了一声“谢谢”！

我被这感人的场景震撼了，这就是爱心，一位老人卖艺讨生活，路人皆冷漠而过，给钱的居然是另一个乞丐。或许，乞丐平时得到过别人的帮助，学会了给予；或许，他们同病相怜、惺惺相惜，懂得彼此的需要。在我眼里，那位乞丐给的不是一元钱，而是一片爱心。他微不足道的举动，足以令许多冷漠的同胞汗颜！于是，我默默地走到两位老人的身边，将自己准备买饮料的钱放入两位老人的碗中。

一枚小小的硬币微不足道，而它体现出的人与人之间的那种真挚的关爱却久久震撼着我的心灵。

9. 我家的“淘气包”

读者发现

小妹属牛，除了比牛倔强，她比鼠还精，比猴子还顽皮。听人说人上厕所时注意力是最集中的，可她呢，看电视时注意力才是最集中的。说了这么多，也该来谈谈小妹的倔强了。

“yūn 什么？”“这明明就是‘温’，哪里是‘晕’呀？”

读者发现

“我都说了：小‘ü’碰到‘j,q,x’，摘掉眼镜笑嘻嘻。”“哼，我不信！就——是——‘温’！”“你翻天了是吧？我的忍耐是有限度的！看我今天不好好治治你！”……哎，倔强的小妹又跟妈妈吵起来了。“烦死了！我写不下去了！”我只好拿出“杀手锏”：和妈妈商量一下，让她一整天不可以看电视。每到这时，她就会拖住我，央求我说：“姐姐，我读6、7个拼音给你听，保证全对。”在这样的情况下，她几乎每次读得都非常流利，而且准确率很高，真是“被逼出来的潜能”。

说到小妹精，那真是永远也写不完，可谓“人小鬼大”。记得有一年夏天，一家人分西瓜吃，切成一瓣一瓣的，按顺序放在一个大盘子里，所以当然是里面的比外面的甜。我们大家都从外面往里面拿，可小妹等我们吃得差不多了，盘子中间还剩下两三块时，一下子抱住盘子，说：“你们吃了那么多，这些嘛，嘻嘻，都是我的了！”“我们中计了！”我最先反应过来，可爸爸妈妈好像还是不明白。“哦，我明白了。”妈妈拍着手说：“她先等我们把外面的都吃完了，自己吃中间最甜的部分。”随后爸爸也说：“我一开始也感觉不对劲，因为她那么贪吃，不可能让我们先吃，可又不知道她的目的。”

你别看她挺可爱的，文文静静，又聪明，实际上却比男孩子还顽皮。“呀！准是她干的！我饶不了她！”望着写字桌上铺满了从刨笔机里倒出来的铅笔屑，我咬牙切齿地喊着，恨不得一下子把她揪出来，让她把桌子擦得干干净净。可惜呀可惜，她不在家，我只好花上一下午的时间擦桌子。这还不算什么，“好戏”还在后面呢。那天，我画完国画回到家，不料小妹在我房间里玩米(我们家的大米都放在我的房间里)，把米弄得满地都是，害得我刚进门就一个踉跄跌在了床上(虽然一点都不疼，可满地的米又要我来收拾)。虽然我被她气得怒发冲冠，可她毕竟是我的妹妹，我要尽力让着她呀。

哈哈，这就是我的小妹——比鼠精、比牛倔强、比猴顽皮；不过，她挺聪明的，成绩也不错。哦，差点忘了，你如果想在人群中找到她，找那个矮个子的蘑菇头小女生就 OK 了！

10. 畅游海底世界

一次愉快的行程，成就了一次美好难忘的记忆。

天刚蒙蒙亮，清晨的第一缕阳光悄悄地跟在我的身后。蓦然回首，丝丝凉风向我轻轻吹来。一旁的灌木微微抖动，发出了“簌簌”的声响。就在这美好的早晨，我背上旅行包，戴着太阳帽，和家人一起，开始了我的海底世界之旅。

首先，我们进入了装饰得像热带雨林般的第一层，见到了许多水族箱，里面养着各种奇奇怪怪的海底生物，有几种让我很是惊奇。“非洲十间”，原产地在非洲西部的狮子山，属慈鲷科，体长 20~30 厘米的鱼体呈椭圆形，灰白色，体表从眼睛到尾鳍有 8~10 条暗黑色环带绕身。据说，“非洲十间”是“欺软怕硬”的鱼种，因为只要把它们与体型相近的鱼混养在一起，它们就会互相攻击，导致其惨死；而只要和体型较大的鱼混养在一起，就无任何问题。再来说说“射水鱼”，它能从口中射出水滴，以猎杀水面悬垂植物上的昆虫为食而闻名。体长而高，背鳍以前的部位通常扁平，头尖、口大。体有黑色斑点或有黑色垂直带，视种类而异。既能生活于咸水，也能生活于淡水。

读者发现

向右拐了一个弯,我们来到了“梦幻水母馆”。只见一种名叫“海月”的白色透明中型水母,随着灯光的变化,散发出暗红、亮黄、深蓝等多种色彩,让人有幽静神秘之感。还有一种令我过目不忘的特别水母——澳洲斑点水母。它通体淡蓝色,伞体呈半圆形,伞体表面布满白色斑点,在幽暗灯光的照射下,好像一颗颗珍珠,故而又名“珍珠”。有节奏的音乐一响,水母的触手就会上下推动,伞体边缘也做同样的运动,十分有节奏感,好像水母穿着盛装在随着音乐跳舞,十分美丽优雅。

又向前走了一百米左右,发现有一条传送带在缓缓移动。没错!这就是海底隧道的入口。我正兴致勃勃地观赏着一小群蝴蝶鱼,可是,突然鱼群好似见到了天敌,一下子四散逃游。“快看!”妹妹清脆又带着兴奋的声音响起,我抬头一望,果真有一道阴影在缓慢地游动着,仔细定睛一看,呀,是一只大海龟!大到我和妹妹好像可以轻松地坐上去。它的四肢呈桨状,适合划水,体型巨大,有1米左右,是国家二级保护动物。咦,那是什么鱼?我看见了一条鱼体上有7个圆圈的鱼,色彩十分鲜艳。就在我疑惑不解时,一旁的资料介绍给了我答案。原来这是海中罕见的“七星鱼”啊,怪不得身上有7个圆圈,每个圆圈直径大约1厘米,身长不超过10厘米,既小巧又漂亮。

接下来,我们上楼来到了海豚表演的场地。哇,好多人啊,我飞快地低头看了一眼手表——提前5分钟。本还以为来得够早呢,没想到还有来得更早的。表演场地里人山人海,几乎座无虚席,我们好不容易才找到几个空位。“噗通!”一只海豚突然出现在我们面前,并表演了跳水,而另一只也像第一只一样连做了3次跳水动作才停下来。接着,工作人员又拿起了几个呼

读者发现

啦圈，向两只海豚扔去。嘿，也神了，海豚居然接住了扔过去的呼啦圈，一边用嘴转呼啦圈，一边游到岸旁，令我不得不佩服海豚的“嘴上功夫”呀！都说好戏最后上演，这不，工作人员又换了一身衣服，跳入水中，第一只海豚见了，连忙潜入水下，让工作人员站在它的头上，载着他快速地游了一圈，真是又精彩又惊险。

奇妙有趣的海底世界，令我流连忘返。

胡馨文

江苏省淮安市人民小学

作者名片

我是个活泼开朗的小女生，脑后的马尾辫一颠一颠的，把我活跃好动的个性暴露无遗。不过，一副颇显才气的小眼镜架在鼻梁上，又让人觉得我是个“知识分子”。

我的兴趣爱好十分广泛，唱歌、画画、航模、体育，哪样都说得过去。在京剧社团，我出演“老旦”，这个少见的角色使我成为不折不扣的“台柱子”，二年级时我表演的《打龙袍》还上过中央电视台呢！我是一名长跑“种子选手”，几乎每次运动会我都能摘得第一的桂冠，我成了同学追赶的目标。在学校航模队，我是第一批队员，操控模拟飞机也像操控身体的一部分那样自如。

写作，我并非徒有虚名。三年级时我写了童话《苹果兔奇遇记》，同学们看了还盯着我要看续集。我还建立了自己的博客，至今已经积累了200多篇文章。常言道“读书破万卷，下笔如有神”，我的两个书柜里有数不清的书，这些积累使我写作时有如神助，行云流水，文笔流畅。我也不是十全十美的，偶尔也会偷偷懒什么的。但我正努力克服这些小毛病，也许我长大了，这个毛病就会慢慢“痊愈”。

老师荐读

1. 踩　浪

“呜呜——”呼啸的海风回荡在耳边，那是贝壳的回声。我放下手中的贝壳，不禁想起8月初，我去厦门鼓浪屿体验踩浪的情景。

> 老师点拨
>
> 文题简洁而不失童趣，一个“踩”字，将小作者天真顽皮的劲儿和盘托出。

厦门是个美丽的城市，与我国台湾地区的金门岛隔海相望，她最著名的旅游景点就是鼓浪屿。那是一个面积不大的小岛，四面环海，岛上有各式各样的特色小吃和有名的店铺。

我一登上这座小岛，就念叨着要下水玩，看着片片沙滩上游玩的人们，我的心都痒痒了。再向前走走，就看见一片沙滩，金灿灿的，发出一种海鲜的气味。小孩子多数没了半身在水中，有的还可以看见他们的脚丫子呢。大人们有的站在水边，有的坐在沙滩上，也有下海的。海里的男孩子大呼小叫，兴奋极了。还有些人捧了个椰子，三三两两聚在一起喝。不过这儿只有二三十人，让这块沙滩略显冷清。鼓浪石也在这片沙滩上。很久以前，海浪拍打这块石头会发出声响，故称鼓浪石，连“鼓浪屿”之名都是这么来的。

> 小岛上“金灿灿”的沙滩、各色人群构成了一幅特有的海景图，为下文铺垫了环境氛围。

岛上有一种特别的鱼香味儿，临海别墅坐落在各个沙滩上，我们不知不觉走到了海边。导游介绍说，这是全岛最大的一片沙滩，每年有近亿人来这里。左边是出租小艇，可以领略海上风光。

听罢，我拉着姐姐迫不及待奔向沙滩。刚走到水边，一个大浪就拍湿了我俩的裤子。三姑、袁园姐姐也过来了，看着我俩落汤鸡般的样子，她们忍不住大笑，我们的欢笑和着鼓浪屿的浪声一起飞扬。

又一个浪头过来了，我正想跳过去，却一下子踩到浪尖上，连上衣也湿了一半。我虽然弄湿了衣服，却笑个不停。这是多么让人开心啊！我站在沙滩上，把脚拱进沙中——哇！凉凉的，痒痒的，却又很舒服。但霎时沙又被浪带走了，这回我被海水撞了一个踉跄，一屁股坐在潮湿的沙滩上。呀！我的裤子全湿了！

两个姐姐正在拍我踩浪，我跳得更卖力了。算好时间，在浪头快扑向我双腿的那一秒，我一下腾空而起。眼看我就要踩到浪的尾巴啦！我便把腿蜷得更紧了，身子下意识地躬起，脚趾头也因用力过头而发白。浪过去了，我把腿恢复原状。"啪"的一声，我安全地跳到地上，欢叫了一声，姐姐也跑来加入了踩浪的队伍，我跳过了一波又一波的海浪，又拍了许多踩浪照，有腾跃在空中的，有半条腿没在水里的，有脚按在沙里的……一幅幅图景在那时定格。

这是一次令人难忘的踩浪，在踩浪中我与大海亲密接触，感受大海的趣味和美妙。我捡了一只贝壳以留作纪念，有空时，我就会回忆这一次美好的踩浪体验。

老师点拨

"迫不及待奔向沙滩"，笑声与浪声一起飞扬，这是海的招引，"踩浪"的前奏！

浪头过来，踩到浪尖，弄湿衣服，小作者将"踩浪"一事向前推进。

踩浪头，戏浪尾，浪涌人欢。"腾"、"蜷"、"躬"、"跳"生动地再现了小作者踩浪时的动作。文章读来使人深受感染。

以贝壳呼应首尾，突出踩浪的美好体验。

作品简评

"踩浪"，多么简洁而富有童趣的字眼儿，能引起小读者的阅读兴趣。小作者笔下美丽的鼓浪屿令人神往，踩浪的动作描写生动，写出了踩浪的欢乐。此外，文中踩浪的情景，运用了点面结合的写法，详写了“我”踩浪的一个情景，概括写了其他一幅幅踩浪图景，将踩浪的画面描写得生动精彩，值得借鉴。

指导老师　徐明荣

2. 松　赞

老师点拨

春天的校园，百花齐放，异香弥漫，在迎来夏日酷暑之际，它们把炫丽让给了冰清玉洁的荷花。秋风送爽，沉甸甸的桃李缀满枝头，丰收过后，腊梅盛开，白雪皑皑。只有你，青松，伫立校园，春夏秋冬一以贯之，何时被取代过？

春夏秋冬，只有青松一以贯之，因此作者赞颂青松。这样的开头与众不同。

苍劲的树干，蓬展的枝叶，你像一把大伞扎根于坚实的大地。葱郁的叶子攀爬其上，那枝叶顶端，直指苍穹！

“苍劲”、“蓬展”、“坚实”、“葱郁”准确生动地描写了青松的特点。

有人说，你的松针扎手。但我知道，那是你保护自己的铠甲！就这样牢牢守着！它，便是你永绿的源头。你不是那么贪婪，优雅地小口吮吸着大地妈妈的乳汁，得以一年四季，无一季缺少营养，无一季不是枝繁叶茂，绿意盎然。

小作者对松有不一样的发现，令人耳目一新。

诗人赞颂你，那些华美的辞藻，众人耳熟能详。你的寿命长，不怕严寒，不怕酷暑，始终保持苍翠；你的这种长青、生命力强、无所畏惧的精神，常被文人墨客自喻，表达自己的气度。如陈毅的《咏松》：“大雪压青松，青松挺且直。要知松高洁，待到雪化时。”陈毅何尝不是借此来表达自己的胸怀和志向呢？

松的品格，被文人墨客自喻，小作者换了个角度赞松。

你不开花，不结果，但你给予人们的，不是一种物质，而是坚韧与长久的生活方式。坚韧，不必多言；而长久的生活方式呢——一次，不需太多，别的花花草草和树木都贪图一时爽快，结果只绿一两季。它们虽美，但能有几个像你一样绿意盎然，执着长青？

人不也是如此吗？有人图一时的快意，却不得长久。快乐转瞬即逝，不像你：懂节制，会平均分配养分。你让人们学会节制，学会平均分配——细水长流。我真诚地赞美你！

我爱坐在你的树荫下看书，沐浴着你枝叶的清香。你恬静、疏淡，像一位贵妇人，散发着清高的气息。那香气，沁人心脾，校园因你而添风采。

对，我处处写的都指向一物——你，校园里的松树啊！我诚心地、诚挚地赞美你！赞美你的坚韧，你的优雅，你的高洁……这些赞美对于松柏来说，当之无愧啊！

校园里的松树，静静地站在操场上。绿色的影子，幽静而引人深思。每每我经过你，都会在心中默念：我赞美你，青松！

老师点拨

为了突出松树四季“绿意盎然”、“执着长青”的特点，此段与其他花草树木做了对比。

由松树的品质联想到做人的道理，升华了文章的主题。

小作者思绪舒展，结尾几段语言有散文化特点，今后可尝试提升。

作品简评

这是一篇考场作文，话题是校园因“你”而精彩。小作者善于选材，另辟蹊径，把“你”定格于校园松树，写成了这样一篇原创的状物美文。由此可见，与众不同的选材能让文章独树一帜。文中的成功之笔在于用细腻的笔触描写了松树的特点，赞美了松树的品质，还由“松”联想到了“人”的品质，显得有深度。

指导老师　徐明荣

作者引读

3. 文武姐姐

作者自悟

一阵菜香从厨房里飘出，一定是姐姐在做饭。

姐姐多才多艺，上得了厅堂，下得了厨房，优美的歌声和精湛的厨艺相结合，谁有如此文武姐姐！我的这位姐姐相貌不拔尖，两只杏仁儿般的眼睛，眼皮时单时双，很有意思。她的鼻子两边长了许多小雀斑，三角形的鼻翼下有一张樱桃般的小嘴。姐姐皮肤白皙，微笑起来甜甜的，让人看一眼就很喜欢。我很小的时候就喜欢黏着她，跟着她到处跑。

抓住人物的外貌特征，相貌描写十分细致、传神，让人感到姐姐就站在眼前。

姐姐是一名幼儿教师，她的特长是弹唱。她会唱许多歌，流行的、儿童的、英文的都不在话下，琴谱看一遍就能弹，边弹边唱，一曲终了也听不够。上次她买了一把尤克里里，也很快就会弹了，一曲一曲，有模有样。她看看弦，又看看琴洞，一个一个音飘出。我让她弹《伦敦桥要倒了》，她连谱也不看就弹了，还唱了英文词。我会唱的《You raise me up》（你鼓舞了我）也是她教的。在幼儿园里，姐姐人气颇高，被小朋友称为“小文老师”，经常有一大堆小孩围着她问这问那。

用具体事例体现姐姐善于弹唱的特点，生动具体。

姐姐不仅能文，还能武。这“武”指的是会做饭，姐姐这“厨房”功夫也很到家，不折不扣地成了家里掌勺主厨。

过渡段承上启下，也概括了姐姐的两个特点哦。

这位厨神的拿手菜叫“京酱肉丝”，这也是一道合我胃口的菜。每当姐姐做它时，都会让我旁观打下手。只见她抽出一把刀，刀法了得，把千张叠起来，左右一下就切成了正方形。她又用壶接了一升水，浇到锅里，等它一沸腾，我就有活儿干了——把千张放进锅里，

“抽”、“叠”、“切”、“接”、“浇”等一连串动词用得准确吧，把姐姐做菜的样子写了出来，姐姐做菜的手艺真是“娴熟”。

焯一下后把它们捞上来，一张张铺在盘子边。姐姐把肉丝下锅，娴熟地倒入自己做的“胡氏秘制酱料”，紧接着抓起铲子翻炒，那些肉丝在她的操纵下跳动着，发出滋滋的响声。我把它们盛在盘里，姐姐放上葱段，热油一浇，我的口水都要喷发了！接着，姐姐洗了一根黄瓜，斩头去尾切成三段，又把每段竖着分成四段，再切了几段大葱，分别放在小盘里，好让大家调味。我抽了一片千张，挤上甜面酱，肉丝、黄瓜和大葱一放，简直让我欲罢不能。

和姐姐在一起，有吃有喝，还有玩，过的简直是天堂里的日子。她给予我快乐，伴随我的成长。我的姐姐当然不是十全十美，但这两点可不可以作为她出现在我笔下的理由呢？

作者自悟

每个人出现在作者笔下都有理由，或爱，或恨。在我的字里行间，你能读出情感，感受到姐姐的可爱，以及我们姐妹之间的情意吗？

作品简评

我从弹唱、做菜两方面写了姐姐能“文”能“武”，通过两个具体事例把姐姐的特点写出来，使人对姐姐印象深刻。小读者们可以学学我，用具体事例来表现人物特点。

4. 吃一堑 长一智

一大早，我从床上坐起来。“妈妈！你的电脑怎么回事儿！”房外传来姐姐的一声惊叫。我倦意全无，急忙跑出去探个究竟。不一会儿，妈妈也闻声赶来了。我定睛一看：“呀，电脑屏幕碎了！”只见一根根裂纹发散状地向外延伸，屏幕上一块又一块都是黑色，像一片巨大的羽毛在“桌面”上飘。

是什么让电脑变成这样？我仔细想着。妈妈说她

作者自悟

“飘”字显现了裂痕在电脑桌面上的感觉，这个词用得有新意吧。

已经两三天没用电脑了，一直放在书房里。姐姐猜测可能是被风吹到地上了，毕竟最近几天风挺大的呐！

我觉得不太靠谱，便立刻跑到书房里，端详了一下——咦，不对呀！桌子上没有多少杂物，应该不存在因放置不稳定而被风吹掉的可能性。而电脑屏幕的裂痕，更像重物叩击造成的。这是怎么回事呢？

我像一名侦探般陷入了苦苦的深思……呃……既然排除了掉到地上的可能，那只有一个可能——

又经过一番推敲，我终于得出了答案。这是书和风联合作案！而“肇事者”是老爸——他没有及时关上窗户，风吹来，正好把一本窗台上的书吹倒，砸上了妈妈的电脑。

用完东西一定要归位，窗户要有开有关。这回，就是老爸没关窗户导致了这一事件。另一方面是妈妈看过书没有放回原位，顺手搁在窗台上。书房的窗户向北开，北边又没有任何遮挡——是一片巨大的空地。风儿兴致勃勃地冲进来，吹倒了书把老妈的电脑砸坏了。

这件事就是因为我们用完东西不归位造成的。我们应该好好反思，用过的东西放回原处，大家从小就知道，可严格执行的人却很少。在家里，我们经常手忙脚乱地找东西，如早上出门找不到红领巾或鞋帽，大人们经常忙着找钥匙或手机，这些找都是因为同一个原因。用完东西不归位，这看似小事，可是如果随手放惯了，可能会出现这种让人后悔的情况。比如，把书包放在出租车上，丢了作业；把手机放在商店里，就泄露了公司机密；甚至把几千万元的合同扔在公交上，有可能就找不回来。

吃一堑，长一智！这次电脑屏幕事件让我认识了归位意识的重要性，从小培养这样的习惯，可以省去

作者自悟

我像小“福尔摩斯”一样思考，让读者也不知不觉地跟着仔细寻找线索。原因找出来了，这真是一个教训。

这次教训使我联想到“归位”，这就是从教训中得到的启迪。

议论及时，尤其是几个反面例子举得很好，让人认识到不归位的后果。

吃一堑，长一智！点明中心，告诉人们要记住归位，养成归位的好习惯。

不必要的麻烦。让我们记住归位,让大家知道从小养成一个好习惯是多么必不可少。

作品简评

这篇文章写的是从一次教训中得到启示,先记叙后议论,中心明确,条理清楚。小读者们也要有一双善于发现的眼睛,用心观察生活中的每件小事,再动笔把它记下来,就会诞生一篇佳作。

5. 扬州之行

作者自悟

(一) 个园

扬州个园由清代大盐商黄至筠建于公元1818年。他认为,竹子挺拔,有君子之风,因此在园内种下大量竹子,又因竹叶形状似“个”,所以起名为“个园”。

竹叶形状似“个”,有意思,交代“个园”园名的来历。

我们来到个园门口,只见一块大石头上写着“个园”二字,“个”字便采用了“竹”字半边,遒劲有力,个性鲜明。妈妈立即给我拍照——以大石块为背景,我双手摆成“V”形。进入个园,首先可以看见一大片竹子。竹子青翠欲滴,散发着绿色的气息,让人生出一种清凉的感觉。一条小径穿林而入,幽静,深远。我们沿着小路向前走,两边的竹子一簇一簇,长势喜人。个园里竹子种类颇多,粗的,细的;高的,矮的;一株株,一片片……或许每种竹子都能让你说上半天。我和姐姐走到竹林深处,我双手撑着竹竿,抬头仰望,竹子直插云霄,一阵风吹来,空中的竹叶沙沙作响,好像奏起了欢迎曲,欢迎前来赏竹的人们。

个园的竹子最经典。对竹的描写生动形象。通过列举,给人想象的余地,大片翠竹跃然纸上。

绕过竹林,我看到了一幢大房子,古色古香,看来有些年头了。走过去，可以看见一座水榭，远处柳枝垂到水面，我想起用“万条垂下绿丝绦”来形容它。我们连忙投入这样的美丽景色中去，请一位大哥哥帮我们一家四口拍照留影。转到对面，只见一大片迎春花迎风招展，灿烂无比。我想：怎么能错过这样的美景呢？我们来到迎春花丛中，摆着各种姿势，姐姐和爸爸高举着手机，一阵猛拍，我们和迎春花定格在这春天里。

“盐商豪府第，竹石雅乾坤”，个园作为中国古典园林的杰出代表、中国十大名园之一，真是美不胜收啊！

作者自悟

个园中的美景，值得写一写。

引用诗句结尾，这是一个好方法。

（二）何园

我和妈妈、姐姐来到何园，老远就看见门匾上题着四个苍劲有力的大字：寄啸山庄。原来，何园又叫寄啸山庄，它可被称为“晚清第一园”。

何园由东西花园、庭院和片石山房组成。花园里丁香、樱花相映成趣，丁香白得似雪，飘出一缕缕清香；樱花粉得如霞，像天边的一朵朵红云，落花满地，美不胜收，引得游人纷纷在此留影。一座亭子立在湖心，亭子四角向上翘起，好像要飞起来似的，这是水心亭。它专供园主人观赏戏曲、歌舞之用，有时人们还在亭子上纳凉赏景。

从园子的主要结构到花园里的花，再到湖心的水心亭，构思缜密。用比喻的方法写出了景物的美丽。

我印象最深的是片石山房和“镜中花水中月”了。片石山房是和尚石涛叠石假山的“人间孤本”，石涛原名朱若极，是朱元璋的后代，可战乱开始，他再也不是皇亲国戚，而是要被追杀的人了。他当了和尚，法号石涛。片石山房看上去错落有致，参差不齐，但是里面却是两间方方正正的小房子。可惜片石山房已经被封起来了，不让游人进入。“镜中花水中月”是一六字成语，可在何园，我看见了诠释真景的一幕：一面镜子挂在墙上，投射出河对岸的花儿；水中月则是指投下来的

片石山房和“镜中花水中月”是何园最有特点的，我就写了它们的样子和奇特之处。

光亮，先是形似满月，随着我们向前移动，就变成形似半弦月了。真是奇景！

我们还参观了何家住宅，导游介绍一个木桩说，这是何家大小姐下棋用的；又指着一口泉说，这口泉水的流动声像琴声，这儿琴棋书画俱全。她又对着一个画框说，从这个框可以看见外面的石、花、屋，像一幅画，右边这是书房。我一看，果然，窗外的自然景色镶嵌在这个窗户中。我情不自禁地说："真是一幅好画啊！"

何园里真有趣，我们拍了好多照片留念，这儿真令人流连忘返！

作者自悟

本文采用移步换景的手法，让读者随我游览了何园。

（三）瘦西湖

瘦西湖是清代康乾时期就已形成的湖上园林，融南北之风为一体。窈窕曲折的一条湖，串起了小金山、徐园、五亭桥，以及二十四桥等名胜。那天天气晴朗，我们一家四口前去瘦西湖游玩。

一进去，眼前就是一条长长的"长堤春柳"。路边开着许多不知名的小花，其中紫色的花最吸引人，我们一家忍不住在这紫色的花丛中照了相。河堤上的护堤柳树和桃花、迎春花相映成趣。小草仰起头，柳树的枝条上抽出了新芽，绿莹莹的；桃花有深红，有浅红，红得醉人，我想到一个成语"桃红柳绿"。还有灿烂的迎春花，她散开满头金黄色的小辫子，向游人炫耀着她的美丽。

"长堤春柳"是每位游客的必经之地，也是瘦西湖先声夺人之处。

简单的小花小草被赋予了魔力，一幅花草趣图展现眼前。

我们走了十来分钟，经过徐园和小金山，就看见了钓鱼台，爸爸立刻兴奋地说："这儿我20多年前来过，家里可能还有我在这儿照的相片呢。"妈妈就让他坐下，掏出手机一阵拍。我惊诧地发现，从钓鱼台两个亭洞里可以看见远处的五亭桥和白塔！从对面方形亭窗望去，只见桥上五个亭子像五朵盛开的莲花，五亭

钓鱼台的"一亭三景"是瘦西湖独有的景点，我自然要把它介绍给读者。

桥已成为扬州城市的标志。从左边椭圆形亭窗可以看见像葫芦一样的白塔。这样奇特的景象自然不能错过，我连忙爬到爸爸身上，喊着“茄子”，和钓鱼台的“一亭三景”拍了照。

我猛一转身，看见有鸽子往湖对岸的屋子飞去。我一下反应过来，那儿应该是喂鸽子的地方。我飞快地拉上爸爸、妈妈、姐姐，绕了十来分钟，绕到对岸。我买了谷粒，开始喂鸽子。这些鸽子亲昵地蹭过来，可真痒痒，还有的鸽子大胆地站在我的手上。我的胆子却小了，吓得一抽手，鸽子立即扑腾着飞到别人身上去了。

我们沿着瘦西湖边往前走，前面就是二十四桥。我们随着人流走过栈道，登上了一座白色的拱形桥，这座桥很陡，拱洞与地面约莫成七十来度，桥上人头攒动，摩肩接踵，我们慢慢吞吞地挤过了桥。这桥有24级台阶，长24米，宽2.4米，两边护栏上的图案有24个。我想，这大概就是二十四桥的来历吧。

我们来到熙春台，乘船返回。在船上我们观赏了两岸的风景，瘦西湖真是一幅次第展开的国画长卷！瘦西湖的美真是名不虚传啊！

怪不得古诗云“烟花三月下扬州”，那里的竹，那里的石，那里的花，那里的水，都带着浓浓的春的气息，让人心生流连之意。

作者自悟

景中有人，人物活动刻画到位，给瘦西湖添上了动态美。

这句话总结了全文，让人感到瘦西湖的景色十分秀丽。

作品简评

好记性不如烂笔头，一组游记可以帮我回忆起当时的景。我写过许多这样的文，如《香港印象》《韩国之行》，它们像多幅图印在我的脑海里。以前外出旅游我最怕写日记，可坚持写下来可以尝到甜头，难道不是吗？小读者们在旅游时也可以拿起笔试试身手呀！

读者发现

读者评读

6. 猕猴桃

毛茸茸的褐色皮，淡绿色的芯，一道道的白光，长着小黑籽。这是什么水果？猕猴桃！

猕猴桃，顾名思义，它是猕猴爱吃的水果。李时珍在《本草纲目》中写道："其形像梨，其色如桃，而猕猴喜食，故有此名。"你知道吗？20 世纪初，猕猴桃在欧洲还是一种庭园观赏植物呢！后来，人们发现了这种果实富含维生素 C，各国纷纷竞相培育。猕猴桃可以在饭后吃，它含有的大量蛋白酶可以帮助消化。它也可以在饭前吃，是一剂开胃良药。

那么，我为什么爱吃猕猴桃呢？它的营养、味道和口感都非常棒，高浓缩维生素片都比不上它。它的果肉纤维短且软，使得它又嫩又滑。不小心吃到籽也没关系，嚼一嚼就能咽下去。它的味道像草莓，还有一点橘子和香瓜的味道。最好吃的是中间一根白色的茎，一口咬不断，果汁被榨出后剩下一层果肉，富有弹性又不黏牙，色、香、味俱佳。每天吃一颗，体内维 C 含量大大提高，可以让我们容光焕发。

既然猕猴桃进了《本草纲目》，那它的药用价值也一定很高。猕猴桃是一剂治溃疡的良药，一般的口腔溃疡要 4~5 天才能痊愈，大一点的一周都出头。而食用了多个猕猴桃后，大多次日便愈合了，特大的溃疡也只需三天就能好。有一次，我嘴里长了四处特大的溃疡，吃饭也很困难。溃疡不是病，疼起来真要命。我就是因为没有经常补充维生素，才受了如此之苦。妈妈帮我把猕猴桃打成果泥，让我喝下去，第二天晚上就不怎么疼了。到了第三天，溃疡就不复存在了。

现在，猕猴桃浑身是宝，已遍布国际水果市场。人们对它的需求越来越高，各大农场也在不断更新它们的品种，好让它们产量更高，营养更丰富。新西兰还研究出了黄色果肉品种，大大提高了猕猴桃的甜味。

我爱吃猕猴桃，它很朴素，其貌不扬，但它是最经济、最美味、最富有营养的水果之一。猕猴桃虽不能让每个人都接受它，但它永远是我心头小小的喜爱！

读者发现

7. 神奇的语文

读者发现

语文真神奇！
字，
字形，字音，
变化多端。
教室，走廊，
到处都有，
就连糖果盒上也少不了它。

语文真神奇！
词，
两字，多字，
丰富多彩。
学校，家庭，
到处都有，
就连妈妈讲故事也少不了它。

语文真神奇！
句，

长句,短句,
变幻无常。
人们想表达什么就表达什么,
到处都有,
就连工作汇报也少不了它。

语文真神奇!
段,
写景,记事,
各式各样。
人们想描述什么就描述什么,
到处都有,
就连作家也少不了它。

语文真神奇!
文,
汉语,英文,
多种多样。
人们想欣赏什么就欣赏什么,
到处都有,
人人都少不了它!

8. 3D 美术馆

在一个阳光明媚的早晨,我们来到了韩国特丽爱3D 美术馆。门前一座座人头马怪的雕像向我们展示了美术馆的魅力。

一进门,我就看见一只巨大的蓝色眼睛。它的睫毛长长的,不仅“伸”出了画框外,还有画出来的睫毛

读者发现

影子。"嗯,是挺立体的!"我看着这幅画,自言自语道。对呀,就是要立体逼真,不然怎么能叫 3D 美术博物馆呢!在大眼睛旁边的墙上,画着三副画框和两幅画,其中有一个空空如也并且镂空的画框,是干什么的呢?我思索着,恍然大悟——它是让游客们也变成一幅人物像!姐姐"站"在画框中,笑着看我。要不是姐姐的着装,别人真会把她当作画中人呢!

进馆之后,我们就正式进入画中的世界了。3D 美术馆不仅神奇在可以进入画中,更神奇在可以与画外和画内人物互动。我选择了一幅画,画中的人穿着中世纪的衣服,在喝酒聊天。其中有一个人喝醉了,满脸通红,还把攥着金条的手伸出画框外。根据画旁的摄像提示,我站在画框边并伸出手,做出捏住金条的样子。再看看照片里,我好像就真的把金条捏住了!

姐姐也选中了一个场景。那是一个房间,沙发、电视、书柜等家具紧紧贴在天花板上。对!天花板上!这是个倒置的房间,一盏水晶大吊灯"挂"在地板上。姐姐走过去,趴在天花板上,我在相机里看,就好像她被吸在天花板上。

再往里走一走,可以看见一个大大的"洞"。上面只有一根圆木。我们踏上画出的圆木,装出一副惊恐的样子,好像摇摇欲坠。姐姐蹲在前面,两手伸出,好像真的在保持平衡。"哈哈!"看了照片,我不禁笑了起来。这真可以达到以假乱真的地步!

我们又进了一个斜屋子,姐姐站在向下的一个墙角,我站在向上的一个墙角。也许是对比的关系吧,我在向上的墙角边,头离天花板近些,姐姐站在较矮的地面上,头离天花板远些。而拍照人站的地面是歪斜的,所以只看到我俩的大小对比。视觉差显得我超级大,视觉给我开了一个小玩笑。

读者发现

3D立体的图形给我们带来了新奇的乐趣，给我们感受视觉的“欺骗”，让我们领略了一个不一样的奇幻世界。3D美术馆真是神奇呀！

9. 夜游清江浦

读者发现

早早吃过晚饭，我们一家和几个亲戚就来到里运河的清江浦。华灯初上，清江浦码头亭台楼船，流光溢彩。我们准备坐上画舫好好赏一赏古运河的美丽风景。

我们上了一艘名为“康熙一号”的游船，只见里边干净整洁，让人心情舒畅。坐下约莫5分钟后，船就驶离了码头，载我们来到了清江大闸。清江大闸分为官闸和民闸两个闸道，官闸较为高大，据说古时只有三品以上官员和运输粮食的粮船才可以通过。民船一般很小，所以民闸也较为狭窄，水域也比较浅，只有官闸二分之一宽。游船行过闸口的时候，还可以清晰地看到古代升降闸门的闸印呢！闸印很深，似乎在诉说着它古老的历史。

过了大闸，就看到了南船北马的字样。曾经的淮安是九省的通衢，千秋的枢纽，绵亘数里。现在的淮安南高速入口处，还有南船北马的雕塑呢！

再往西行，我们看到了仿古的常楹桥。桥上有四角翘起的亭子，让人回味。在它的不远处就是水门桥了，水门桥经过三次改造，形成了现在的样子——桥四角分别都有一组雕像，反映了各个时代淮安人民的生活情况。我对它们可不陌生，因为它们是我上学的必经之处。从桥边向下看，一河清水流向东方，甚是壮观。

然后，我们的游船调头去往东边的中洲岛。中洲岛是一个人工岛，岛上有戏曲博物馆、名人馆等建筑，所以那儿也是游览胜地。它的尽头矗立着清江浦楼。夜晚的清江浦楼像一座金铸的宝塔，飞檐翘角，每一层的屋檐都泛着金色的亮光，楼上挂了许多灯笼，像一颗颗晶莹的夜明珠。清江浦楼在漆黑的夜色中熠熠生辉。

读者发现

在几百年前，这儿是最繁华的地方，人烟稠密，粮船云集，每天有数以千计的船舶从清江大闸通过。河里船只往来，首尾相接，有的满载货物，有的靠岸停泊，正紧张地卸货。清江浦的喧闹穿越时空在我耳边回旋。

里运河上横跨的座座桥梁，像一道道彩虹，承载了里运河的历史，延续了里运河的传奇。这般美丽的彩虹，让我了解了家乡悠久的历史和璀璨的文化。

10. 我与书的故事

读者发现

看起书来，我真是欲罢不能！为什么？爱书呗！我爱《布什家族》的励志精神，爱《红瓦房》的语言风格，爱《我飞了》的真挚友情……没办法，就是爱书啊！

我迫不及待地讲述这个让我笑掉牙的读书“专利”经历，我可真的把一颗白澄澄的小虎牙给笑掉了，真是得不偿失哟！

在一个周日，我路过报刊亭顺手买了一本《读书文摘》。这本杂志里有一个笑话板块儿，全是终极冷笑话。当然，也有“热”笑话。我卧在沙发上，信手翻到了这个板块，看到了一个题为《越狱》的冷笑话。说一个香港女孩儿来到北京，却只会讲粤语。女孩说：“谁会讲粤语？”被一个刑警听见了，听成“沈会强越狱”，然后发生了一系列事。我不由大笑，可这一笑，我那本就

读者发现

快掉的牙进行了自由落体,真是笑掉牙了!

我成为小"哈迷",也是新近的事儿。姐姐在我生日时送了我一整套《哈利·波特》。起初,我只是高兴又有书看了,接着好奇了,那么多人爱看的书,是什么样的呢?我按捺不住自己好奇的小心脏,便扑向了文字的海洋。

"乌姆里奇!我替波特恨死你!"放下《哈利·波特与凤凰社》后,我捶打着桌子,咬牙切齿道。和书中人物同悲共喜,也是一种境界。

根本停不下来!我透过镜片,扫描书中的每一个字,记忆着书中每一个人名:罗恩、赫敏、马尔福父子、克拉布、邓不利多……我的脑子飞速运转,闪电般地出现他们的名字。

哈利·波特戴着一副圆圆的黑框眼镜,穿着一袭长袍,头上有个闪电伤疤。哈利是一个勇敢的孩子,曾打败过伏地魔八次,在很小的时候就和伏地魔抗衡,却仅仅留下了一道闪电般的伤疤。《哈利·波特》使我成为了小哈迷。小哈迷扑在书上就像饥饿的人扑在面包上!

因为爱书,我甚至忘记了时间和学习任务,做了一些"不知好歹"的事。

我在写作业时,旁边千万不能有书。为什么?因为我会情不自禁地拿起书来看。尽管心里想着:"就瞄一瞄,就一眼,就 30 秒钟!"但书一到手,那便是 30 分钟。一本书在写作业前未看,但在写完后就已浏览一遍了。有时一个小时可以写好的卷子,我却要写上两个小时。"初读好书,如获良友;重读好书,如逢故知",纸页上的一个个黑块儿,总像有什么魔力般吸引着我去关注,去欣赏。因为做作业慢,妈妈不止一次地告诫我:先做重要的事,再做喜欢的事。

读者发现

“睡前30分”是妈妈为我定制的每日读书时间，但我总觉得太短，每当妈妈催促我时，我都会说：“再等1分钟！”我在若干个“1分钟”后依然如故，妈妈不得不进来强行关灯。妈妈关灯后，我仍会瞪大眼睛，费力地辨识模糊不清的每一个字，直到妈妈强行按倒我的头，让我老老实实地贴在枕头上。

一个爱书的人，他必定不会缺少一个忠实的朋友，一个良好的老师，一个可爱的伙伴。我爱书，爱书中的意境，爱书中的世界，爱书中的人物……书，是我的良师益友，我愿与书终身为伴。

后 记

以“言语主题”追寻语文教学的特质，是我们的语文教学主张。“言语主题”的创新点在于以“表达”为主线重构教学，对传统的语文教学有所突破和延展，让写成为语文能力的最高呈现。《教出好作文》《读出好作文》《写出好作文》为“言语主题”教学研究系列成果，已于2011年、2012年先后出版8册。

“言语主题”系列成果的出版，确实对学生发展、语文教学及学科团队具有重要意义。单说“出版”这件事本身，它有效地改善了教师的职业路径，语文教学中更注重理论操作性和实践价值。如何以言语贯穿语文教学的始终，加强单元教学课型联动，建构作文与阅读、口语交际、综合性学习及生活等多维联系，成为老师们的常态思考，激发了他们潜在的创造力，使得日常教学更有质量。“言语主题”研究作为一个具有普适意义的前沿课题，在语文教学实践中得到了普遍认同。

时至2015年，第一辑的小作者们都已升入中学，他们有着共同的特质——爱观察、爱写作、关注生活、善于交流。我们欣喜地发现“言语主题”研究成果在孩子们身上得到直观的呈现，在持久地滋润着着孩子们的言语人生。《写出好作文》呼唤着第二辑的出版！小作者如何运用语言文字进行表达和交流，认识世界、认识自我并实现精神成长，是语文课程改革之关切。在第一辑出版的基础上，我们继续践行人、文互现，以作者组篇，体例上承袭第一辑，编排上增强开放与互动，催生作品阅读中小读者的生成和创造，体现参与学习的意义。

《写出好作文》(第二辑)的小作者是另一茬来自不同学校的学生，“言语主题”语文教学研究从最初在一所学校扎根生长，到现在更大的区域发芽吐翠，是语文教学改革的再出发。第一辑、第二辑……教育即生长，教育即向可能性的敞开和开发，我们有理由相信，在“言语主题”研究之路上，还会一碧千里，还会有更美好的景象。

图书的研发和出版，得到了杨九俊、潘新和等著名专家学者的关怀和指导，苏州大学出版社许周鹈老师和刘俊老师为图书的出版不辞辛苦，在此表示衷心感谢！

由于时间仓促，我们的水平、能力有限，书中疏漏和不足之处还请专家和同仁批评指正。

编　者

2015 年 12 月 20 日